心坎裡的 12星座X戀愛真面目

趙心如__著

目錄 CONTENTS

Chapter 01
牡羊座
Aries

愛情亮燈指數

牡羊座 ★ 牡羊座	75	♥♥♡♡
牡羊座 ★ 金牛座	80	♥♥♥♡
牡羊座 ★ 雙子座	80	♥♥♥♡
牡羊座 ★ 巨蟹座	65	♥♡♡♡
牡羊座 ★ 獅子座	85	♥♥♥♡
牡羊座 ★ 處女座	60	♥♡♡♡
牡羊座 ★ 天秤座	75	♥♥♡♡
牡羊座 ★ 天蠍座	70	♥♥♡♡
牡羊座 ★ 射手座	90	♥♥♥♥
牡羊座 ★ 魔羯座	70	♥♥♡♡
牡羊座 ★ 水瓶座	85	♥♥♥♡
牡羊座 ★ 雙魚座	75	♥♥♡♡

牡羊座的愛情

Q 如何敲開牡羊座的愛情之門？

牡羊座是一個強勢的星座，在愛情上是完全信奉「一對一」的專一愛戀主義者，絕對不容許自己或對方出現兩個以上的戀人，否則牡羊激動起來，絕非尋常人能夠應付的。牡羊在愛情裡擁有高度忠誠與極端自信，而且也以此高標準要求情人，希望彼此隨時保持熱烈的甜蜜度，不怕公開曬恩愛，樂於在人前盡情展現對這段感情的熱切期待與自慢。

在牡羊座的愛情網絡裡，第一組跳出來的關鍵字就是「忠誠度」，不只以此勉勵自己，也以此嚴格審查情人是否進入狀況，隨時表現出積極、專一的「忠誠度」。

許多人喜歡在「友達以上，戀人未滿」的階段耍曖昧，享受那種浪漫與幻想交錯的愛情捉迷藏。如果你的對象是牡羊座，抱歉！他們不來這一套。牡羊座的感情屬於天王、天后級那種大開大闔，光明磊落又帶點霸氣，坦率豪爽，不怕在陽光下曬恩愛，既然愛了就大方愛一場的性格。所以倘若你只想搞曖昧、找樂子、玩玩的話，找牡羊座絕對會採到大地雷，小心粉身碎骨。

身為領頭羊的牡羊座，凡事都喜歡衝第一，比方去唱KTV就愛獨唱，不能忍受別人也拿起麥克風一起唱，假如有人不識相要合唱，領頭羊就會刻意搶拍或高八度，就是要讓自己的歌聲明顯出挑，不容許自己的歌聲被他人蓋過去。同樣的心態放在愛情，就是徹頭徹尾、從內到外、百分之兩百的愛情天王與天后，即使是情人也別想挑戰領頭羊的權威，更別想在外表或內在上與領頭羊並駕齊驅，相提並論。

面對如此強勢的牡羊，要敲開他的愛情心房，你不僅要表現出「忠誠度」，還需要第二組關鍵字：「溫柔」。

「溫柔」不是女生的專利，男生面對牡羊情人時，也需要大方展現無上限的溫柔與柔情，才能贏得牡羊深藏在強勢盔甲裡的信任與愛。切忌操之過急，要像大廚師那樣慢火燉雞湯，慢慢地、暖暖地、淡淡地、柔柔地包圍他，使牧羊沉浸在舒服安全的氛圍裡，卸下衝撞的羊角與強勢盔甲，以肉身真實感受你的萬千關懷與纏綿愛意，從感動中滋生愛苗，從此踏上美妙的愛情之路。

滋生愛苗並不表示會順利成長茁壯，因為愛情是脆弱的，需要呵護與滋潤才能存活。要和牡羊座談戀愛，開始交往才是難度的開端，忠誠度的展現是取得門票的敲門磚，溫柔的關懷是啟動愛苗發芽的密碼，要讓領頭羊願意在愛情裡安頓，持續為愛加溫，你需要第三組關鍵字：「讚美」。

牡羊座是君臨愛情的天王、天后，要和他們談戀愛就要嘴甜、腰軟、勤讚美！而且要把握每一個值得讚美的瞬間，卯起來讚美！不要不好意思，只要能夠讓你的愛情天王、天后開心，就值得了。因為牡羊座會在情人的讚美聲中，看見自己沉浸愛情的幸福模樣，進而對這份感情更投入、更忠誠、更珍視，所以什麼都可以省，就是讚美不能省，這是關鍵。

不過愛情世界裡沒有一面倒的真理，儘管牡羊座如此強勢，對於情人的忠誠、溫柔與讚美分外在意，但如果情人在愛情裡一味採取低姿態，彷彿是百依百順的愛情順民，牡羊座也會受不了喔！因為你沒有站到對等的高度，缺乏神祕的個性與挑戰的難度，很快就會讓牡羊座感到不耐煩，沒有勢均力敵的愛情火花。所以第四組關鍵字請趕快記下來：「講道理」。

所謂「講道理」就是當道理不在牡羊座情人那邊時，你就該大聲告訴他；如果道理是在牡羊座，態度就要柔軟一點，不過也別溫柔過頭變成軟弱，這樣天王、天后也會覺得你很無趣，沒有情逢敵手的快感。所以「態度軟弱」是與牡羊談戀愛的地雷，請記得避開喔！

另外一個愛情地雷就是不要試圖去「管」你的牡羊情人，請記得你們的愛情是從忠誠度開始，所以兩人應該是彼此信任、關懷與體諒，互動則是建立在溫柔、讚美與講道理的基礎上，怎麼會跑出誰管誰、誰又被管這種怪事呢？

牡羊座或許是個氣勢很威的情人，但是只要把握上述四組關鍵字——忠誠度、溫柔、讚美與講道理，以及務必避開三大地雷——曖昧、軟弱與干涉約束，基本上就可以與牡羊情人譜出美好的愛情戀曲囉！最後提醒你，牡羊情人是很挑剔的情人，喜歡旗鼓相當的情人，各自獨立，各自精采，而且有溝有通！他可以成為你唯一的天王或天后，是你永遠的焦點，但完全不想變成與你整天黏在一起的連體嬰。

Q 愛情EQ有待努力

現代人很少問IQ多少，比較愛問EQ好不好？尤其在談戀愛之前，這可是很重要的情資，不能等愛上了才發現對方EQ不好、情緒管理極糟，這樣不會死得很難看嗎？

大部分占星書都說十二星座以火象星座的EQ管理最糟，沒錯，這是百分之百肯定的。所以名列火象星座家族的牡羊座，其EQ管理真是有口皆「悲」。放眼古今多少牡羊男女，各個能幹非凡、敢衝敢撞，凡事一頭衝出去，字典裡沒有「耐性」二字，肢體語言更是沒有與人「配合」這個動作。當脾氣一上來、情緒一作怪，理智與EQ就晾在牆角了，只會一頭尖角衝出去撞，一旦氣消又和沒事一樣，讓旁邊的人大傻眼，很想掐死這頭莽撞的牡羊。

既然牡羊容易被情緒牽著鼻子走，談戀愛就要特別小心！兩人甜蜜熱戀自然事事好說，若牡羊有自知之明，就要趁關係好時建立彼此的「溝通」模式與默契。比方說兩人劍拔弩張時，不妨一起套上慢跑鞋去公園慢跑，或是換上休閒服，到河濱公園騎單車。先把爭執的焦點冷處理，把注意力轉移到兩人喜愛的活動上，不僅可以讓心情變好，也能降低情緒暴衝的機率。

在感情路上，牡羊要學習耐性、與人配合，以及溝通，最好再培養一些情侶可以一起從事的靜態嗜好或動態興趣，這樣有助於愛情EQ的提升，信不信由你！

喜歡，就勇敢去愛！

牡羊座凡事都講究積極主動，加上靈光的頭腦、精準快速的思考、超級有效率的執行力，前進愛情競技森林就和在職場叢林一樣，喜歡就勇敢向前愛，所向披靡，主導權牢牢在握，穩穩坐上愛情世界的主宰寶座。如果有幸成為牡羊的情人，你只要放下自己的想法，完全接受牡羊的主導，一切都順著這隻領頭羊，徹底配合他的情緒與想法，就可以好好享受被愛環繞的美妙感受了，當個被悉心呵護在手心的情人，保證任何事都不勞你心煩、任何責任都不用你扛。

不過提醒你，如果你的臣服與心儀是裝出來的，就要一路裝到底，千萬別中途露出馬腳。不要以為兩造愛情已經穩固，就可以小露精明，展現自己不比牡羊情人差的虛榮。相信我，一旦你露出破綻，警醒的牡羊座就會察覺，你是假裝示弱來騙取他的愛情，那麼一切曾有的溫暖甜蜜都將成往事，回不去了。

難道一定要這麼偽裝嗎？其實也不一定，只要挑對時機，例如牡羊在現實世界裡遭遇挫敗，整隻羊失去了光彩與氣勢，這時只要你找到恰當的方式，牡羊就可能在無形中接受你的勸諫，重新變成不可一世的領頭羊。所謂恰當的方式就是溫柔與甜蜜的言語，請把你的智慧與變通之策裝進溫柔與甜蜜的情話，在萎靡的牡羊耳邊輕輕放送，這樣聽著聽著牧羊就聽進腦袋裡，彷彿內化成他自己的想法。有了好法子之後，牡羊馬上就有了衝勁，恨不能馬上披掛上陣，去挑戰當初困住他的難題。

這時切記，不要得意忘形去向他邀功邀寵，要繼續扮演牡羊的優質情人——細心、溫柔、溫暖、浪漫，又能三不五時爆發激情的可人兒，繼續默默支持、撫慰寵愛著你的牡羊座。至於牡羊雖然強勢、自信又能幹，但在感情上並不是只放不收的莽漢或刁蠻公主，相信只要溫柔攻勢持續下去，牡羊也能在潛移默化中逐漸下調面子的高度，以較平等的態度來對待情人，成就更勝神仙的兩人世界。

Q 愛情狀況題

感情世界裡不會總是一帆風順，偶爾會有點狀況。如何漂亮應對讓感情走下去，這是有技巧的，讓我們繼續看下去。

狀況一 牡羊座的寂寞耐受指數

羊兒總是成群行動不愛落單，所以牡羊座也一樣，習慣過熱熱鬧鬧的群體生活，討厭無聊寂寞的日子。因此牡羊一旦落單，就會無所不用其極地呼朋引伴搞熱鬧，或跑去玩極限運動找刺激，總之一隻羊孤單在家，太可憐了。

既然牡羊不喜歡落單，又怎會變成孤單一隻羊呢？原因很簡單，就是牡羊專心投入工作，拚命往目標衝衝衝，完全忘記停下腳步觀照身邊的家人、情人與朋友，更忘記放慢速度欣賞沿途的人生風景，等功成名就、富貴時才志得意滿地停下腳步，卻發現已經落得孑然一身。人生最大恨事，就是富貴功名都拿到，卻沒有至親至愛之人與之分享，最後落得午夜夢迴孤單面對漫漫長夜，慘啊！

衷心建議牡羊們，拚事業固然重要，但是往前衝之時也要留心一下身邊的人，這樣成功時才有人為你放煙火、三呼萬歲，友人簇擁、親人分享、愛人獻吻，這樣才有功成名就的爽快感啊！所以千萬記得：不要衝太快、太投入職場競技，要眼觀四面、耳聽八方，留意觀察戰況與啦啦隊所在，讓自己設在領頭羊略為領先的穩當位置，這樣才是上策。莫等到一切噩夢成真，再來補救，不僅為時已晚，還須提防新圍過來身邊的人，是否另有企圖，這才是麻煩與煩惱的開始呢！

假如很不幸，牡羊真的成為落單領頭，人生還是要繼續，建議你趕快重新整裝、主動投入熱鬧的大眾活動，重新找到自己在人群中的新定位、新舞台，好好發揮所長，記得這次可得好好把握，別再衝過頭把他們再次遺落了！

狀況二 心頭小羊亂撞時

當牡羊們發現令他心動的可人兒時，對方一定會知道。因為牡羊心裡那頭小小羊兒，早已按捺不住興奮亂亂撞了，就連旁人都能把這心動時刻看得清清楚楚，當事人不可能毫無察覺。倒是牡羊兒還在「演」，明明已經被對方「電」得亂七八糟，卻還假裝自己好像是局外人，故作鎮定狀，喂，牡羊真的演很大，太會搶戲囉！

一旦來電之後，凡事積極、自信的牡羊兒認定已經取得愛情入場券，立刻拿出衝事業的拚搏精神，戀愛也是效率至上！所謂「戀愛視同作戰」，講究的是「速戰速決」，所以務求快刀斬亂麻之勢贏得橋頭堡，插旗宣示主權。

狀況三 愛神的箭射中紅心時

很多情侶在熱戀時都喜歡互相詰問：愛情是從什麼時候開始的呢？有些星座戀人可能答不出來，但是牡羊座情人絕對能把愛神邱比特放箭射中紅心的瞬間記得一清二楚，甚至連目睹愛情誕生剎那的表情，也都一併收錄在腦海存證。

牡羊之所以把「中箭」時刻記得那麼清楚，是因為他做什麼事都積極專注、狂熱而投入，而且既然做了就要精采耀眼，才能顯示他對愛情這件事的投入與重視，總之牡羊座談戀愛——人盡皆知。

熱戀中的牡羊座，對情人超好，而且是有口皆碑的好！再加上喜歡熱鬧的天性，更讓這場戀愛談得毫無冷場，讓兩人的初戀小世界豐富多姿，好像天天都是嘉年華，分分秒秒都精彩到無法再插進任何刺激的橋段與浪漫細節。不過關於愛情這檔事，開始固然要轟轟烈烈，但感情要走得長久、走到修成正果，就要懂得為這把愛戀之火持久保溫才是戀愛的王道。

該如何為愛保溫、加溫？建議牡羊們多花點心思保持彼此的新鮮感，既然生性愛演，不妨在愛情裡演出白馬王子或白雪公主，將自身熱過頭的激情轉化為浪漫愛情的主角，說不定會讓戀情更甜蜜長久，唯有把愛情當作事業一樣有效率地永續經營，牡羊的愛才能開花結果。

狀況四 羊咩咩的甜言蜜語

率真又很直爽的牡羊座，情緒起伏大，語言與肢體行為也都很誇張，進入熱戀高峰期更是變本加厲，每天都有驚喜，週週上演不同戲碼，花招百出，往往讓情人難以招架。一開始情人可能會覺得牡羊兒太有梗了，可是久了就會讓人疲於應付。畢竟情感是長期的相處與累積，情人老是看不清牡羊兒在平實生活中的日常面貌，久了會很沒安全感而懷疑自己是否真的認識這個情人？

牡羊雖然愛演，但是卻拙於運用甜言蜜語對情人表達溫柔的愛意，記住「做到」要加上「說到」才算完美。設計了一千種驚喜，倒不如三不五時在情人耳畔一句：「你最棒了！」、「你好厲害！」、「你最美！」、「我最喜愛你！」、「我愛你！」對個性有點大剌剌的牡羊兒而言，一開始說這些話可能太過肉麻，難以說出口。沒關係，多練習幾次就好。如果能夠搭配一些親密的眼神接觸、肢體的善意碰觸，都可以為愛戀增添更多正向能量。總之，一切的調整，就是要讓情人知道你有多重視他、愛他。

狀況五 羊咩咩放閃曬恩愛

深陷熱戀的牡羊座，總是希望全世界都知道他們有多幸福，毫不吝惜在臉書等社群軟體上高調放閃，閃瞎親朋好友也在所不惜！只是牡羊兒一味的放閃，讓自己幸福到爽，有時完全忽略情人是不是也愛這一味？萬一對方是個低調的人，不愛把私人情感的事拿出來張揚，這樣不就出現矛盾了。

如果情人提出曝光抗議，建議牡羊兒不要一臉無辜地追問：你不喜歡大家祝福我們嗎？這樣就太白目了。你應該挑個安靜的咖啡館，以一杯香醇的咖啡開始，了解情人內心的糾結，弄清楚他的不滿，重新調整雙方對於接受祝福的定義，尋求兩人都能接受的尺度，讓真愛繼續下去，讓情人繼續擁有被牡羊座呵護、照顧、寵愛的幸福感。

談戀愛不是只有甜蜜、浪漫的激情，更多的是雙方個性的磨合，相處之後的相知相惜、吵吵鬧鬧、溫言軟語、相互扶持，這些過程都很重要，有賴雙方一起溝通、維繫，戀情才走得長久，也才有機會修成正果，到老來這些都是值得回味的點點滴滴，才是美好人生的幸福真諦。

狀況六 愛人鬥嘴鬥氣時

性急的牡羊座在吵架時往往口不擇言，攻擊火力十足，罵人罵得不吃螺絲，但火氣來得快去得也快，屬於那種罵完就忘的人。朋友們都很了解牡羊座的這點毛病，反而視之為特色。但是在愛情世界裡，吵架時脫口而出的惡言，往往傷人最重、傷心最深，這恰恰是愛情的致命傷，往往也成為分手的導火線。

不論情人的表現有多令你生氣，都要切記留點口德，不要說出馬上會後悔的話。千萬不要認為對方知道你的個性就是如此，必定能諒解你。錯，有聽過「忍無可忍」這句話吧！如果你不尊重情人，就不要奢求他會原諒你的莽撞與口不擇言。反而你應該更加督促自己，做好情緒管理，學習理性溝通，話出口之前想一想對方是怎麼想？或許以讚美轉換咄咄逼人的質詢，可能回應會更好，這樣不只情人會感受到你的體貼，周邊的朋友也會因此大受惠。

當超瞎小三現身攪局時

每次聽朋友八卦道：誰跟誰有小三介入，所以如何如何……。自信又能幹的牡羊座總是嗤之以鼻，還會補一槍：「笨蛋才會給小三機會」。可是在愛情裡，什麼劇本都可能冒出來，尤其當你全心投入愛情，無私付出，卻發現有人（小三）不但想分一杯羹，甚至還想整碗打包，怎能不生氣？

萬一好強又愛面子的牡羊座不幸碰上小三攪局，第一時間當然是宣示主權，讓另一半與超瞎的小三搞清楚，誰才是這段感情裡的正宮。多麼棒，萬一不幸的是另一半已經和對方好上了，在牡羊座展現絕佳優勢時才如夢初醒，想要甩掉小三，回到牡羊座懷抱——抱歉，牡羊座所有的美好只留給始終如一的情人，至於中途下車害他面子掛不住的笨蛋，背叛後又想重新上車補票，是不可能的事。

牡羊座情人的分手眉角

面子掛很高的牡羊座，當情人要跟自己「分手」，簡直比被人當眾丟鞋子還要糟。即使兩人還沒有到達那種「非卿莫娶，非卿莫嫁」的纏綿程度，但牡羊座覺得沒面子的情緒反彈還是會超乎想像。這種負面情緒，雙方都要認真面對，不過情緒反彈歸反彈，牡羊座還是會理性地認為：那是個人面子掛不住的發洩，氣消了就好了，因此不會流彈四射，傷及無辜。

對於前戀人，牡羊座會維持翩翩風度，只要對方誠懇地給個有邏輯、有說服力的交代，基本上牡羊再怎麼不願意也都能接受。不過提醒各星座戀人，與牡羊座情人談分手，言語上切忌太激動、太刺激牡羊情緒，而且要有技巧地斷了他「想挽回」的妄念，才能遏止牡羊不斷積極企圖挽回愛情的作為。

如果能夠做到如此細膩的布局，和牡羊座和平分手並不難。只是牡羊座在面子優先的模式下，內傷應該很重，所以牡羊自己最好心平氣和地面對分手事實，認真思考該如何幫受傷的自尊找出療癒的方法。

Q 牡羊座失戀的獨門解藥

我怎麼可能失戀？我是牡羊座欸！記住，人人都會失戀，只是能幹又好面子的牡羊座不願承認自己也會失戀罷了，甚至還會冒出是情人不識抬舉的荒謬想法。

或許夜闌人靜之時，牡羊會冷靜下來好好反省失戀始末，找出戀愛挫敗的關鍵，是因為脾氣衝？EQ差？還是當慣了愛情中的領頭羊，事事自作主張，忽略情人也會有自己的想法？懂反省就有機會從失戀中成長，「逝者已矣，來者可追」，不必對自己過分苛責，讓自己太受傷，不妨泡個熱水澡讓受傷的心在溫暖的浴缸裡放鬆、療癒。

還好，牡羊座失戀不會在悲傷中沉溺太久，很快就會重振旗鼓尋找新戀情，完全不用擔心他們會「鑽羊角尖」！

牡羊座的戀愛 TIPS

新鮮感對牡羊座來說很重要，特別在愛情的場域裡，有新鮮感就能抓住小小羊兒的注意力，進而火力全開衝入愛情。對於偏好細水長流慢慢談戀愛的人來說，牡羊有點操之過急，讓談戀愛很有壓力卻沒有安全感，建議牡羊不妨放慢速度，學習以細嚼慢嚥的方式享受愛情滋味。

牡羊座有一個毛病，就是一旦愛情變成穩定的日常生活，能幹的牡羊（不分男女）馬上就會調回事業與工作模式，把愛情以定存單格式供在那兒，請羊兒務必自我提點，等另一半抗議事情可能就大條了。還有，如果你的另一半是牡羊女，千萬別叫她為愛放棄事業，這是很不智的自毀行為。

Q 小小羊兒適合當「不婚族」嗎？

能幹的小小羊兒不怕挑戰，不缺熱情，不相信自己有搞不定的事情。除了愛情與婚姻。形單影隻的小小羊兒，儘管痛恨長夜寂寞，但基本上仍是寧缺勿濫，直到真命情人出現。所以牡羊座絕非不婚族俱樂部的成員，如果碰到主張不婚的牡羊座，八成是條件開太高、面子掛太高的結果。走入婚姻的羊兒都經過深思熟慮，以白頭偕老為目標努力經營。

抉擇關頭，小小羊兒選愛情還是顧麵包？

碰到愛情與麵包的難題，以小小羊兒充滿鬥志、不畏挫折的個性，肯定選愛情，因為麵包自己賺就可以！牡羊座相信自己有能力在愛情與麵包間保持平衡，而且愛情有助於激勵自己更努力工作向「錢」看，完全不需要二選一。

小小羊兒的愛情續航祕笈

活蹦亂跳的牡羊座總是散發超級外向、無限樂觀的吸睛魅力，更棒的是小小羊兒待人處事爽快不囉唆，是標準的好咖。同樣的性格放在愛情的情境裡，小小羊兒面對心儀的對象，很懂得積極展現自我魅力，即使對方一開始不太買帳，也能以阿Q精神鼓舞自己，為追求更好的愛情而堅持下去。這種積極自信的態度，往往讓對方受寵若驚，大呼「真是服了你」！心甘情願開出愛情入場券。但是入場之後，小小羊兒請放下主場優勢，換上溫柔與甜蜜攻勢，才能讓愛情長治久安喔！

Chapter 02

金牛座
Taurus

愛情亮燈指數

金牛座 ★ 牡羊座	70	♥♥♡♡
金牛座 ★ 金牛座	65	♥♡♡♡
金牛座 ★ 雙子座	60	♥♡♡♡
金牛座 ★ 巨蟹座	85	♥♥♥♡
金牛座 ★ 獅子座	75	♥♥♡♡
金牛座 ★ 處女座	90	♥♥♥♥
金牛座 ★ 天秤座	70	♥♥♡♡
金牛座 ★ 天蠍座	80	♥♥♥♡
金牛座 ★ 射手座	70	♥♥♡♡
金牛座 ★ 魔羯座	90	♥♥♥♥
金牛座 ★ 水瓶座	65	♥♡♡♡
金牛座 ★ 雙魚座	75	♥♥♡♡

金牛座的愛情

TAURUS

Q 如何敲開金牛座的愛情之門？

身為金星守護的金牛座，天生具備浪漫、唯美的DNA，對於審美很有自己一套獨到的觀點，可是這些迷人的特質並不是小牛犢敲開愛情之門的先發利器。大家一定會問有這麼厲害的武器為什麼不先出手？是的，金牛座同時也是一個務實的星座，對於物質生活相當重視，一切愛的故事都必須在生存確定、生活無虞的前提下，小牛犢的腦袋才會想到要釋放浪漫的訊息，羅曼蒂克的愛情故事也才有機會展開。如果人生還在為五斗米折腰，就先解決現實生存問題，關於愛情的一切都請稍候。所以和小牛犢談戀愛，需要有遠見，雙方有共識先求現實生活的穩定，不在乎晚一點得到浪漫，這樣先顧麵包再享受愛情的模式，不玩弄花俏，踏實又溫馨。

小牛犢總是給人溫厚穩重的觀感，是萬中挑一、值得信賴的好對象。不過，再好的人也是有地雷的喔！金牛座在愛情裡對情人超NICE、超有耐性的，換個角度來看，就是對情人有很強的占有欲，對感情執著、很有自己的看法。如果小牛犢能夠把對情人與感情的執著稍微看淡一點，把占有的欲望繩索放鬆一點，愛情可能會更棒、更圓滿。

金牛座具有帶頭的穩重形象，生性溫和有禮，所以只要情人不要玩什麼「大仁哥」、「又青姐」的曖昧把戲，小牛犢都不會太干涉。但請記住，小牛犢雖然脾氣溫馴，但並不喜歡強勢的情人，那會讓他有被壓制的不快感受。萬一碰到情人強勢、白目又搞不清楚狀況，很可能激怒小牛犢，引起牛脾氣大爆發，那可是一發不可收拾喔！

金牛座在感情裡十分腳踏實地，談情說愛之前早已先把美好的未來規劃妥當，甚至連「家」要長什麼樣子都有藍圖了，而兩人世界要如何天長地久也有一套完整的永續計畫，一切都在縝密的規劃中。沒錯，小牛犢的人生邏輯就是務實——先經營好實質的生活，等一切穩定了再來談浪漫唯美的愛情，這樣才無後顧之憂，才能愛到心醉神迷。

想和金牛座共度富裕人生，共享浪漫愛情的朋友，記住要先建立一切講求「實際」的共識，並且要懂得珍惜金錢不浪費、珍惜共同的美好回憶。這樣小牛犢就能放心與你走下去，牛脾氣爆發的機率也會大大減少。

Q 愛情EQ，美食是解藥

現在很少人會問你IQ多少，卻喜歡在背後打聽你EQ好不好，尤其是對你有意思的異性。EQ說穿了就是你的情緒管理，不管你是什麼星座，都該把EQ搞好，才能「成就戀愛」，不是嗎？

金牛座的小牛犢感情豐富，為愛願意付出真感情，但是對方也要有所回應，小牛犢才有戀愛時的安全感，千萬不能只給一句「朕知道了」！這樣小牛犢會疑神疑鬼，患得患失。

奉勸小牛犢，愛情裡本來就很難估算誰愛得多？誰愛得少？你付出了真心真情，對方要回應多少真的不是你能計算的，或許你覺得他回應不夠熱烈，但對方可能已經是此生最努力了。所以感情的對手戲有太多變數，真的要放寬心接受不同的演法，很快你就能分辨假戲假演、假戲真作、真戲假演、真戲真作。

當你發現對方是假戲假演，別只顧著胡思亂想生悶氣，適度釋放你的不滿與壓抑，或許有助於打破僵局、扭轉觀點，讓雙方都解脫。切勿悶在心裡，假如情緒仍是一團糟，建議去吃美食——可以有效抒解你的鬱卒，安撫你受挫的情緒，很有效喔！

Q 喜歡，就勇敢賴上去！

小牛犢做事一向有計畫，包括愛情都會在腦海裡沙盤推演，擬定執行計畫，以確保愛得順利，愛得萬無一失。因此愛情計畫一旦完成，就會誓言讓對方徹底擁有自己的愛（其實意思是自己徹底占有對方所有的愛）。看起來小牛犢好像是為愛向前奔，其實說穿了就是「喜歡，就勇敢賴上去」！

如果在愛的路上，情人不按牌理出牌，小牛犢會很受傷，完全無法接受。原來小牛犢對感情挫折的容忍度趨近於0。愛情裡常發生的吃醋、劈腿，小牛犢一樣招架不住，一旦碰到就會玻璃心碎滿地，要很長時間才能療癒好受傷的心。

小牛犢一旦投身愛情，就會全心照顧對方，渴求對方也如此對待自己，希望兩人互相依靠、互相扶持。然而現實人生談感情還是要適度保有自我，也應尊重對方，以免埋下失戀的引信。

Q 愛情狀況題

狀況一 金牛座的寂寞耐受指數

大家都說小牛犢很務實，其實金牛座是擁有浪漫唯美DNA的金星守護者喔！為什麼大家還是認為金牛座是非常實際導向的星座？簡單來說，小牛犢的邏輯思維：先求現實生活穩定，等一切生存都有保障之後，再來談浪漫的愛情，享受美好的感情生活也不遲。因此才會讓其他星座覺得小牛犢是實際的，一點也不浪漫。

金牛座懂得要活下去，沒有情人相伴就一個人拚一點，即使有點寂寞也沒關係。不過基本上，小牛犢還是渴望擁有感情美滿的兩人世界，有人愛才有安全感，所以有機會他就會勇敢去試。只要小牛犢把握機會展現優點，多預支一點點浪漫，愛神的箭很快就會射中你的心。

狀況二 心頭小牛亂撞時

當小牛犢喜歡上一個人，總是會「盧」很久，想太多毛病特嚴重，根本還沒行動、八字還沒一撇，就已經連孫子的名字要取什麼都想好了。這就是小牛犢的問題，凡事太過小心，思考太縝密又不輕易下決定，雖說一切都是為了來日能擁有穩定又安全的感情生活。可是遲遲不付諸行動，再好的對象都會被別人訂走。

狀況三 愛神的箭射中紅心時

戀愛開始時總是甜蜜的，小牛犢在甜蜜之餘，還加入「安心」的滋味——來自金牛座特有的保守與誠懇態度。不過提醒小牛犢，安心是感情的基礎，但要讓感情保鮮，一點點變化的刺激不可少，請務必早點喚醒自身潛藏的浪漫DNA，為真命情人獻殷勤吧！

此外，小牛犢在熱戀中會執著於自我認定的愛情保障模式——充分占有、完全掌握、百分百忠誠。起初情人可能被熱烈甜蜜的愛所感動，但是久了就會發現小牛犢要的是一切照他劇本走的愛情傀儡。

超強控制欲會造成情人的窒息感，是感情的殺手。建議小牛犢，不妨心態放輕鬆，除了尊重情人的個性，也該多注意情人的情緒變化，讓情人擁有適度的自由，互相體諒，感情路才走得長久。畢竟金牛座稱得上優質情人，占有欲與對愛執著等問題，都可以透過溝通協調加以改善，千萬不要因此斷送一段美好姻緣。

狀況四 小牛犢的甜言蜜語

關於愛情的語言，從來不只是嘴裡講的，還包括眼神、不經意的手勢，以及身體動作等，都能傳達對愛的著迷。

你猜十二星座中誰最愛在追愛過程中打啞謎？答案是金牛座，想不到吧！金牛座超愛用「肢體動作」與眉目眼神來演內心戲，當小牛犢注意到某人，開始對他動心之後，那對水汪汪的眼睛就變成了愛情雷達，不斷偵測愛心目標，那充滿關愛的眼神一刻都不會離開對方身上，周邊朋友就算再瞎都能感受到那熾熱的深情。當小牛犢與友達以上、愛人未滿的準愛人共處時，超喜歡藉故不經意碰觸對方，或在走路時很自然地牽起對方的手，創造曖昧的氛圍。

狀況五 小牛放閃曬恩愛時

小牛犢一旦和情人彼此認定，展開正式交往之後，小牛犢的電眼就鎖定你，因為你是他當下最愛。雖然保守如金牛還是會在意他人眼光的，但是熱烈的愛情仍會驅策金牛不時碰碰情人，或拋一個你知我知別人不知的熱愛眼神。金牛座會在工作穩定、生活無虞之後，再於私密場合為情人獻上熱烈的感情，敬請耐心守候。但別期待金牛座會在大庭廣眾之下搞浪漫，這是不可能的。

狀況六 愛人鬥嘴鬥氣時

大家應該都知道，金牛座雖然溫和卻相當固執，一旦牛脾氣發作任誰也受不了。所以千萬不要碰金牛的「死穴」，一旦惹毛他，牛脾氣一發作就算天王老子來都救不了你。

小牛犢請盡量控制自己的脾氣、管理自己的情緒，記得不論和誰起爭執，尤其是另一半，一定要心平氣和而且「理直氣婉」，這樣才能就事論事，不會走到互戳死穴，引爆牛脾氣大爆發。一旦大戰爆發，就算事後有和平談判，也很難前嫌盡釋，重修舊好，感情有了難以磨滅的傷痕，糾紛再起時保不定會再度揭開流血。

衷心建議，如果尚不清楚錯在哪裡，請小牛犢動氣之前，應該先拿出「慢」的看家本領，讓自己緩下心把事情來龍去脈弄明白，順出頭緒，理清輪廓之後，再逐一列出問題，邀對方坐下來好好談。經過這樣的沉澱與降溫，「牛脾氣」應該已經收斂到自我可控的範圍，雙方在理性的氛圍下真正解決問題。以「慢」制「爆」，小牛犢務必要學起來。

如果事情一發生就很清楚錯不在小牛犢，而在情人那一方，這時小牛犢就要發揮智慧，把自己的情緒與道理收進口袋，先安撫情人激動或委屈或內疚而惱怒的情緒，多說好話、必要時讚美盡出也在所不惜，只要在對方心緒回復平穩之後，兩人才有可能一起找出問題解決之道。千萬不要有理不饒人，固執地要對方認錯給交代，這樣的結果一定是大吵一架，問題還是沒解決。

Q 當超瞎小三現身攪局時

「小三」？在小牛犢的愛情字典裡絕對沒有這個詞，因為小牛犢認為愛情就是唯一忠誠，是兩個有情人決定終身廝守，信守一生不離不棄，相愛扶持，白頭偕老的承諾，絕對不打折，沒有例外或意外。所以和小牛犢談戀愛，千萬不要想腳踏兩條船，趕流行玩劈腿，這是完全會GAME OVER的危險行為。假如婚後才發生這種「意外」，不管有多麼無辜、天真，甚至悲傷、無奈的理由，都不會得到一絲一毫的原諒，別妄想小牛犢會與你破鏡重圓。這是不可能的。

在此誠心建議小牛犢，不論是在愛情還是婚姻裡，最初一定是甜蜜的開始，但是「時間」有著可怕的力量，隨著時間的流逝，甜蜜的愛情漸漸歸於平淡，這時要喚醒自己的「浪漫」DNA為愛加點料，讓愛有味道，這樣婚姻路才走得遠。千萬別等到愛情、婚姻變成「食之無味，棄之可惜」的雞肋，逼得另一半向外找出口，這時再來大發雷霆，批判對方不忠誠，覺得自己大受打擊，還不如直接分手，還比較省力氣。

當小三來襲，三角尷尬已經成局，但你還深愛著對方，就不要把局面搞得那麼僵，控制一下你的情緒與脾氣，先把問題弄清楚，是配偶已經變心？還是禁不起誘惑？或者只是要氣氣自己？明白之後再對症下藥，盡己所能去挽回，然後心裡不要有任何的疙瘩。如果你不想挽回什麼，那就條件趕快談一談，把時間留給自己療傷再出發吧！

Q 金牛座情人的分手眉角

小牛犢外表持重沉穩，行事保守，要談上一場戀愛，真的要靠天時、地利、人和，加上自己努力勇敢表白心意，才有機會爭取愛神的青睞。要談一場戀愛已屬不易，偏偏又是個百分之百容易感情受傷的傢伙，一旦失戀份外令人不捨。而專情的小牛犢也很難從失戀的氛圍中抽離停損，失戀的打擊絕對會加深他對感情的不安全感。

與小牛犢情人分手，最重要的心理準備就是——分手之後對方絕對不吃回頭草。所以若對小牛犢的溫柔專情與穩定生活還有眷戀，就不要輕言分離。如果是鐵了心要分，小牛犢不會為難人，因為哀求情人別走是很難堪的事，既然愛已不可為，就面對吧！最好兩人斷得乾乾淨淨，永無牽扯，而且療傷需要很長的時間，早點開始早點療癒，希望有機會再邂逅新戀情。

Q 金牛座失戀的獨門解藥

對於感情，小牛犢的態度是慎重的，每一段感情都是以一輩子的長度來看待，既然認定就絕對不會衝動改變。對金牛座來說：認為「談感情」是一輩子的事，因此「失戀」對小牛犢無疑是情感上最大的挫敗。儘管難以接受，但一向務實的小牛犢也不至於鑽牛角尖、走上極端，變成恐怖情人，因為這樣做不切實際，反而會把問題搞複雜，還會惹禍上身。所以難過歸難過，傷心就好不要去傷人，好聚好散。反正日子還是要過，人生還是很美好的，不要頹廢消沉太久，就等著邂逅下一次愛情吧，雖然那可能是很久以後的事了。

做事講求規劃的小牛犢，不妨拿出檢討工作的精神好好剖析失戀的原因，這樣一切的痛苦、受傷才有價值，日後談感情才不會重蹈覆轍。

金牛座的戀愛 TIPS

TAURUS

金牛座凡事慎重，思緒縝密，有把握才會行動，所以讓人有一種看「慢」動作轉播的錯覺。能不能以正常速度播放？抱歉，這就是金牛座的正常速度。現在談戀愛講究速度，不怕太慢了心上人被搶走嗎？沒辦法，在沒有全盤了解，確定有信心，真正有把握之前，金牛座絕對不會輕易加快速度。會不會錯失良緣？那錯過就錯過吧！

奇怪，金牛座明明有很強的浪漫基因，為什麼老是把浪漫王牌壓在最後？如果前面起步輸了，後面就算有一百零八張王牌也沒用。唉，金牛座的思維邏輯是先要把物質條件穩定，才有條件談情說愛談心靈，何必急著吃棉花糖呢？先存到買棉花糖的錢，到時想吃多少就吃多少，何必急於現在吃那一口，後面卻是被店老闆追著討帳，那多煞風景。因此與金牛座談戀愛，撐到最後就能享有全部的溫柔體貼，但是小牛犢的強烈依賴性，以及索求大量安全感撫慰的不安心態，也將成為你最大的責任。建議你不妨勇敢扛起來，因為小牛犢對愛一生守護的忠誠，世間無出其右，兩人在施與受的平衡點上多多溝通，自然就能擁有幸福的生活。

換句話說，小牛犢也要時時提醒自己，凡事不要想太多，不要太依賴，得失心也不要太重，尊重兩個人在愛情之外擁有獨立的生活空間，會讓彼此的關係更融洽。

金牛座先立業再成家的觀念，很適合以婚姻為前提的穩定感情，看來「相親」會是不錯的選擇。進入「婚姻」的小牛犢，對配偶、對家人的愛不容懷疑，他的人生目標相當明確，就是為這個家與最愛的家人打拚，讓美好的生活永續，是他此生最大的心願。

Q 小牛犢適合當「不婚族」嗎？

當個「不婚族」好嗎？金牛座一定會立刻回答：不好。因為小牛犢對家充滿想像，一旦結婚成家之後，甚至可以說有點戀家，家就是他人生的重心，怎麼可能不婚！

別看金牛座凡事謹慎周詳，計畫完整，其實一碰到「談戀愛」這檔事，他可是自信異常不足，總覺得自己不太OK。說穿了就是害怕在感情路上受傷，而且對於愛情十足的缺乏安全感。不過等跨過「婚姻」的門檻，金牛座百分百適應，表現一百二十分，是標準的顧家、戀家咖！小牛犢只要生活一如計畫中的穩定、富足、安全，金星守護就會徹底展現浪漫魅力，讓另一半幸福到不行。

小牛犢在婚姻裡如魚得水，非常適應家庭生活，也非常依賴配偶，但換句話說金牛座的占有欲也愈來愈明顯，希望無時無刻都能掌握對方，而且醋味強勁，十分難搞，身為小牛犢的配偶或情人一定要有所覺悟，務必對可能危及家庭與感情的行為自行約束，尤其是那種異性知己（什麼大仁哥、又青姐之類）、打情罵俏、逢場作戲等等，沒有一樣可以被赦免。萬一不幸被當場撞見，只能請祈求奇蹟出現囉！

Q 抉擇關頭，小牛犢選愛情還是顧麵包？

在小牛犢的感情世界，不存在選愛情還是選麵包的問題，因為這是一個排序邏輯，而不是二擇一的選項。金牛座一定要把現實的物質生活這個大目標搞定之後，再來談情說愛、成家立業、養兒育女、侍奉高堂。因此這是優先順序的邏輯排序，而不是該選誰放棄誰的問題。

生存是辛苦的，生活必須有計畫，人生才能擺脫辛苦，迎向富裕安康。關於感情，當然要有目標——「婚姻」。金牛座的人認為凡事要有所規劃，即使是愛情、婚姻也不例外，當然要有一套完整的規劃，才能保障未來照表操課，走向子孫滿堂的幸福未來。

什麼樣的異性會讓小牛犢心動？金牛座因為有金星守護，外表絕對是讓小牛犢心臟蹦蹦跳的要件，所以選男朋友偏好「帥一點」的，選女朋友則愛「美一點」。由於金牛座是個性「穩定」的星座，因此也會希望另一半的個性也很穩定，這樣兩人比較好溝通，容易同心協力為婚姻與富裕人生共同努力。

總之，對金牛座來說，一切先等「安定」之後，再來精挑細選終生伴侶。

Q 小牛犢的愛情續航祕笈

在愛情的世界，慢動作的小牛犢就是那個「被動」的角色，這種存疑的態度，常常讓自己成為姻緣絆腳石，所以常常會造成「皇帝不急，急死太監」的場面。

該如何解套？首先，凡事不要想太多，把心胸放開，心情放輕鬆，釋放小牛犢活潑開朗的一面，有時生命需要一些驚喜與未排定的自由時空，不妨以愉悅的笑容開心面對，說不定個人魅力因此急遽上升，讓更多邂逅與可能性發生；第二，強化自己穩重可信賴的形象，不僅是在工作、事業、人際上誠懇沉穩，在感情上也是始終如一，值得依靠，藉此贏得心上人青睞；第三，把自己打扮體面，這筆治裝費、美髮造型費用絕對值得，千萬別刪除預算；第四，以無比的耐性，學習給自己一點積極的PUSH，讓牛步稍微快一點，盡情展現小牛犢的自信魅力，這樣比較容易引導心上人踏上你的幸福大道。

Chapter 03
雙子座
Gemini

愛情亮燈指數

雙子座 ★ 牡羊座	80	♥♥♥♡
雙子座 ★ 金牛座	65	♥♡♡♡
雙子座 ★ 雙子座	75	♥♥♡♡
雙子座 ★ 巨蟹座	75	♥♥♡♡
雙子座 ★ 獅子座	85	♥♥♥♡
雙子座 ★ 處女座	70	♥♥♡♡
雙子座 ★ 天秤座	90	♥♥♥♥
雙子座 ★ 天蠍座	75	♥♥♡♡
雙子座 ★ 射手座	85	♥♥♥♡
雙子座 ★ 魔羯座	75	♥♥♡♡
雙子座 ★ 水瓶座	90	♥♥♥♥
雙子座 ★ 雙魚座	60	♥♡♡♡

GEMINI

雙子座的愛情

Q 如何敲開雙子座的愛情之門？

準備好敲開雙子座的愛情之門了嗎？活潑、多變、開朗又好新鮮感的雙子座，面對愛情時也是一樣的活潑外放，彷彿金色陽光在宇宙裡追趕跑跳碰！但在熱烈的金色光芒裡，收藏著雙子謹守的祕密門禁，那是通向雙子核心世界的最後一道防線，不歡迎外人碰觸，更別提探索。對雙子而言，這種形於外與藏於內的超級反差，是一種偷偷地、隱晦的、很私密的享受，所有真相只有自己一個人了然於胸，其他人全被蒙在鼓裡，心底油然升起一股有如天神般的全知全能優越感，好爽啊。

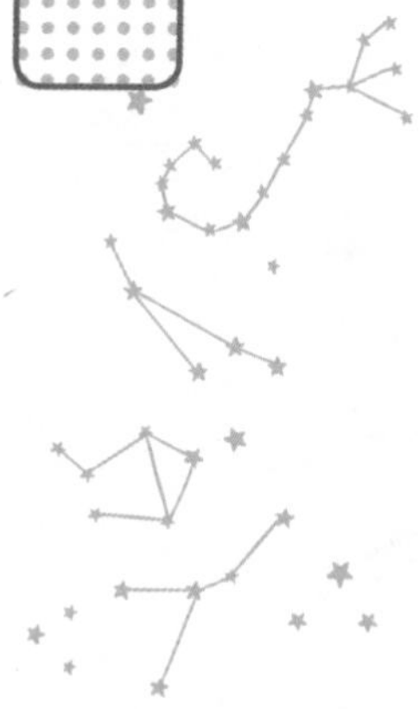

雙子尋覓伴侶，不是只有肉身的華美，更在乎心靈是否相契，兩人能否產生完美的溝通默契。所以基本上，雙子的伴侶必須是位心思敏銳、反應敏捷的靈巧之人，絕對不可能與慢動作、慢思考的遲鈍咖看對眼，這會讓雙子抓狂受不了。如果你迷上雙子座情人，最好趕緊把自己鍛鍊成反應一流的精靈咖，不然還是趁早更換獵物吧！

雙子擁有多方面的興趣，而且都玩得不錯，十分有模有樣，堪稱多才多藝的星座。因為興趣廣泛、能言善道又聰明機靈，所以不論走到哪裡都很容易交到朋友。這樣廣結善緣、喜新又不確定戀不戀舊的性格，每每周旋在新朋友、新情誼、新嗜好之間，往往讓另一半懷疑自己在雙子心中到底算什麼？

其實雙子心中對於另一半是鎖定的，任何新人、新事物、新興趣都不會動搖到正宮的位置，既然已經確定的事就不必一直拿來說嘴。建議雙子，儘管心中已經鎖定對方是一生的最愛，但感情最好還是適度保溫、加熱，另一半才能安心以對喔！

看到這裡，雙子應該都在哀嚎，到底我們要怎樣做你們才相信我們是「專情」的？其實大家真的誤會雙子了，他們只是太過聰敏，習慣「多工」人生，但是內心處理感情的CPU仍是層次井然，朕自有分寸，愛卿不用擔心。

綜合上述各種特性，可以得知雙子的個性獨立自主，不是習慣依賴別人或和他人手勾手、同進退的人——因為雙子已經是雙胞胎，再加一個真的太擠了。所以萬一他自己去處理事情或赴約，另一半也別太驚訝，雖然少了黏TT的親密感，但是自由自在沒人盯也不賴啊。總之，了解雙子的獨行俠性格，久了反而覺得他隱密的內心世界精彩如馬戲團，特別耐人尋味，喜歡雙子座的人還是請加快身心靈的靈敏度，才能得到雙子的心！

Q 愛情EQ太好也很煩惱

對善於社交、幽默風趣的雙子而言，EQ不是難題，EQ太好可能才是問題。平時雙子的情緒起伏還算平穩，蠻會幫人多方著想，屬於EQ不錯的人。當他的情人對這一點最有感覺，但也會覺得他想事情太客觀，角度雖多卻不一定會站在情人這一邊喔！每每讓情人搞不清楚，為什麼他都不懂胳臂向裡彎的道理，悶啊！

雙子座機敏、多變、多才、多藝、風趣、好EQ的特質，是吸引情人愛相隨的魅力點。可是正因為喜愛的興趣太多，可以分給情人的時間太少，感情始終像煮不開的水壺，讓情人懷疑是自己魅力不夠？還是已經對他沒興趣了？其實都不是，關鍵在於雙子的注意焦點太分散，所以雙子自己要有所覺察，情人不會因為你覺得他已被鎖定就不會閃人喔！而情人們不妨努力追上雙子，進入他內心的馬戲世界，讓雙子變成三胞胎，剛開始可能擠了點，但堅持一下就習慣囉！

Q 喜歡，就是不斷創造新鮮感！

雙子喜歡多變，超不愛受拘束，談戀愛時最好能有意識地與情人分享彼此可公開的空間，建立兩人共享交流的話題，增加在彼此生活中的存在感。否則雙子的情人很快就會覺得自己被多才多藝的雙子座給甩出核心啦！

面對愛情，雙子的腦袋始終保持靈活，態度是冷靜的，即使愛到最高點，也不會被愛神的箭給攪暈頭。但這並不影響雙子在愛情中的傑出表現，和雙子座談戀愛非常有趣，只要你跟得上他鬼靈精的速度，保證沒有一秒鐘會無聊，至於木訥遲鈍、含蓄緩慢的人，應該拿不到跟雙子座談戀愛的門票。

和雙子談戀愛沒有祕笈，只要你的腦袋跟他一樣轉得快，你懂他的千變萬化，你能與他溝通世界的多方美好，兩人就可以愛到億萬年。

所以和雙子戀愛，你將看見世界以最瘋狂的變化姿態向你襲來，你將發現生活充滿活潑幽默的高潮，你會讚嘆雙子情人的博學多聞，彷彿活生生的知識寶庫只為你開啟。

Q 愛情狀況題

狀況一 雙子座的寂寞耐受指數

雙子心情不好？很難吧！基本上雙子很難心情糟、也很難感到寂寞，就算還沒有找到情人的時候，也不會心酸超過三秒鐘，很快就會去找有趣的事情來娛樂自己、充實身心靈，甚至每天排出精彩豐富、密不透風的行程表，根本沒空去想形單影隻的事。

所以雙子對於「結婚」這件事，大多是在玩夠了也享受夠了，或者說想通了，才會興起的嚐鮮念頭。但這絕不是想玩才試，而是經過兩顆腦袋深思熟慮的慎重決策，一點也不隨興喔，因此要找到早婚的雙子幾乎不太可能。

狀況二 心頭怦怦亂撞時

動心時刻，雙子的兩顆心怦怦亂跳的厲害，但身邊沒有人發現這神奇的一刻。如果連心動的對象都沒察覺，豈不成了苦澀的單戀？建議雙子最好找個清靜的地方獨處，好好整理一下自己的感情軌跡，分辨心動的真假與強度，如果確認自己真的被煞到了，而且茫然不知該如何向對方表白，那就對了，你戀愛了。機靈的雙子你一定要想盡辦法讓對方「發現」，你對他的心動。記住：明顯地表現出來，讓對方察覺到。這是重點。

思惟機靈、行動敏捷的雙子，當你對某人心動時，請趕緊打聽一下對方的性格與背景，以免急驚風對上慢郎中，或者碰到理性與感性的錯置意外，釀成愛的牛頭不對馬嘴、難以溝通愛下去的尷尬場面，最後只能以誤會一場各自下台一鞠躬。對於感情大家都希望永浴愛河，但是雙子素來定性缺缺，當戀愛成就之後，真正的考驗才開始，雙子加油囉！

狀況三 愛神的箭射中紅心時

和雙子談戀愛可以說是天天都精彩，「目不暇給」都不足以形容其變化之豐富，總之情人永遠不會覺得無聊。在甜蜜的初戀階段，多采多姿多變化的愛情感覺，可能覺得自己是在充滿歡樂的甜美天堂。可是哪有天天過年的？一份感情要長久走下去，光是嘉年華、馬戲團般的魔幻繽紛是撐不久的，還是要沉澱下來，以心對心，讓兩個人的頻率對上，產生真正的情人互動，這樣兩人世界才會愈來愈有趣。至於那些不是雙子的菜的假性戀人，受不了雙子多變的，就會在煙火繽紛的初戀階段打退堂鼓。

在此特別解釋一下，雙子其實不是兩個活潑善變的組合，而是一個安靜、一個機靈的互補組合，絕非一味地變來變去沒定性。所以雙子是理性和感性的調和，也是動與靜的雙向運轉，這才是大家深受吸引的魅力所在！但這深刻的內在，只有真正進入雙子心房的情人才能領略。一旦深入「敵營」，就會發現雖然和雙子談戀愛很費神，卻沒什麼壓力，只要跟著感覺走就對了。

狀況四 雙子的甜言蜜語

關於愛情的語言，從來不只是嘴裡講的，還包括眼神、不經意的手勢，以及身體動作等，都能傳達出對愛的著迷、留戀與甜蜜。所以愛情雖然是盲目的，但是談情說愛的人可不能「白目」到對這些愛的暗示視而不見喔！

充滿創意的雙子座，愛意全靠「嘴」來溝通兩人的濃情密意，因為動手動腳雖然比較親密，但層次太低，沒有sense。雙子的口才就是他最強大的武器，可以說到讓愛沸騰。不過要注意的是，雙子太聰明又愛多工人生，常會讓情人覺得他沒把注意力放在自己身上，懷疑他的愛到底還在不在？不要懷疑，他真的只是邊聊邊做事，沒別的意思。所以奉勸雙子，一心二用固然厲害，但談情說愛還是一心一意比較妥當。

狀況五 雙子放閃曬恩愛

雙子靈活反應快常展現靈巧的特性，給人不專心的感覺，即使談戀愛也是如此，不禁讓情人懷疑雙子是否不專情？唉，雙子真是冤啊！雙子對感情很認真，對於情人的愛很有把握，冤只冤在表現上，所謂表現，不是愛得轟轟烈烈、引人側目，那不是雙子的風格。雙子喜歡用自己的方式去試探心儀的對象，有的人會愛這種曖昧的互動，有些則否，要適可而止喔！

雙子一旦陷入熱戀，精彩是基本配備，但豪華配備則是讓情人感覺到——自己被雙子捧在手掌心，像珍珠一般寵愛、呵護。不過感情是慢慢來的，所以請享受時間在兩人心裡醞釀的化學變化，這是難以取代的美好經驗！最後再叨念一句：若要天長地久，還是要靠雙方一起努力溝通，為愛情保鮮。

狀況六 愛人鬥嘴鬥氣時

雙子不愛與人起爭執，更不愛傷和氣，開開心心不好嗎？幹嘛要臉紅脖子粗？不管誰吵贏了都會傷了彼此的和氣，何必呢？談戀愛時這種傾向更明顯，雙子一旦遇到雙方意見有落差時，就會以溝通來化解歧見，很多爭議就在雙子舌粲蓮花的分析與演繹下，達成共識。當然也會遇到人家丟一句「哎唷，我說不過你啦！」反正目的已經達到，雙子就把這當作是讚美。

一向開朗、對世界充滿興趣的雙子，偶爾也會有情緒不OK的時候，若是情人沒弄清楚狀況就白目發言，甚至公然與他持相反意見、不同看法，很可能讓雙子抓狂，狠狠地ㄉㄧㄤ下去喔！碰到雙子發起飆來時，最好趕快閃人，以免被他的伶牙俐齒唸到耳朵爆炸。

情人相處難免吵架、鬧意氣不合，碰到這種場面不妨以讚美來化解對立；假如有一方犯錯、有缺點，或是真的兩人意見相左又僵持不下，建議還是以良性溝通來解決歧見。

Q 當超瞎小三現身攪局時

小三來了！一般人聽到都會毛骨悚然，只有雙子會眼睛發亮，因為這太新鮮、太有挑戰性了。雙子的個性不是凡事要強、不肯認輸、捲起袖子就去找小三呼巴掌，然後哭哭咧咧鬧分手——這些舉措雙子都不會做。雙子會靜下心來自我檢討，把事情仔仔細細想一遍，這段有裂痕的感情是否還走得下去？整理出自己解決方案之後，才會去找對方。是的，雙子要的是一個清楚明白的說法，而不是曖昧又情緒的說詞，當然雙子也不會一時衝動做出復合或分手的決定，以免將來後悔。

出軌的戀人想再回頭來找雙子復合，很難啦！雙子的腦袋這麼機靈，人又這麼風趣幽默，是個絕對有魅力的情人，何苦抱著一段有裂痕的感情不放？不如砍掉重練，尋找下一段新的戀情還比較暢快。

Q 雙子座情人的分手眉角

分手對某些特別執著、愛鑽牛角尖的人而言，絕對會哭得死去活來、死纏要答案，甚至變身恐怖情人。然而分手這件事對雙子而言，雖然震撼、驚訝又讓人不解，但絕不是嚴重的問題。傷心，當然會傷心，畢竟自己是個那麼精彩的人，情人怎麼會想掛冠求去？想要求真相、找答案，分手情人肯定不會據實以告，只能靠自己想，唉喲！既然不管想通想不通都無法改變分手的事實，不如就接受吧！

接受分手的事實對雙子很重要，象徵事情告一段落，可以展開新生活、新感情。還好雙子興趣廣泛，探索世界的熱情始終都在，感情只是生命中的部分而非全部，所以很快就能在多采多姿的嗜好與活動中找到寄託慰藉，把分手的傷痛快速轉移，獲得救贖與釋放。

如果還想挽回這段感情，雙子可得好好準備一番，首先管好自己的嘴巴，不要逞口舌之快，不要一時情境所迫就亂說一通，把事情搞僵，沒留餘地，；其次要有足夠的耐性，情人要分手必定有理由，你要做的是聆聽、安撫，而不是拚命發表高見、數落對方如何，這樣只會激怒情人，讓復合完全沒機會。儘管雙子很有自信，天下沒有解決不了的事！但面對感情還是謙卑一點比較好。分手絕對不是愛情雙方要的結果，要想保有這份感情，就要投入更多、更專注心思，讓對方感受到你的誠意與重視，就算真的走到分手這一步，探詢前因後果時也不會茫無頭緒。

Q 雙子座失戀的獨門解藥

「失戀」是有情人都會碰上的難過事，至於接受的態度、傷痛程度、療傷時間長短則因人、因個性而異。

雙子新鮮多變多興趣的個性，讓他很快被其他有趣的新事物吸引，可以有效轉移失戀傷痛，而且雙子在多采多姿的生活裡，感情只是部分而非全部，亦非最聚焦的焦點，所以要切換回日常生活模式沒有那麼困難。

不過也別誤會雙子是個沒血沒淚沒感情的薄情人，任誰碰到失戀傷心在所難免，只是雙子的個性能夠很快找到抒解情緒與壓力的方法，儘快讓自己回到生活常軌，不要一直沉溺在失戀的痛苦深淵中。午夜夢迴，雙子也會默默流著淚、舔著內心深處久久不曾癒合的熱戀傷痕——只不過這場景他打死都不會跟任何人說。

很多人對舊情綿綿總是難以忘懷而自苦，雙子倒是看得很開、很灑脫，過去就過去吧，盡情享受新戀情的歡樂。難道真的都沒有半絲依戀？有，但不是依戀而是教訓——愛情中應避開的地雷、傷害感情的不OK作法等等。這就是雙子聰明機靈之處。

不管哪一個星座，面對失戀都不好受但是不論個性如何，最好都能「好聚好散」，抱著「下一段戀情會更好」的積極想法，快快熬過失戀期，迎向新戀情。

雙子座的戀愛 TIPS

在愛情中，雙子要觀照自己的多變不定個性。當雙子是一個人時，可以火力全開，甚至多頭並進，盡情探索知識領域的未知、大千世界的瘋狂新奇，只要自己開心就OK。但是談感情是兩個人的事，對方可能會被你瘋狂的多變人生嚇到！建議在談戀愛時，不妨先稍收斂，展現沉穩與專注的一面——你一定辦得到，只是平時沒耐性一樣一樣慢慢來。沒辦法，談情說愛本來就要循序漸進急不得，誠意很重要，配合對方也很重要，所以把態度拿出來，用專情感動對方吧！

在愛情世界裡，雙子一向都是主角，從來不扮演犧牲者的角色，也不會做犧牲的行為，情人最好配合演出——嚴禁黏人搶鏡、囉唆加詞，或死板板照本宣科，這樣絕對拴不住雙子情人喔！

雙子適合當「不婚族」嗎？

雙子對於一個人還是兩個人的問題，一向不傷腦筋，因為雙子對生活有自己的調兒，懂得安排、懂得娛樂自己，對世界與知識充滿好奇心，永遠不愁沒事做，完全不擔心孤單寂寞來找碴。

所以單身對雙子而言並不以為苦，反倒是婚姻中愛的羈絆與家庭的枷鎖，令他深感困擾，害怕失去單身時的自由與探索樂趣。

所以要讓雙子安於家室，就要讓婚姻與家庭生活變得繽紛有趣，多采多姿，可以有效延長雙子留在家中的時間，與家人、情人製造甜蜜幸福感，共同為家付出，讓雙子覺得待在家裡很有趣、很有成就感，就可以讓其安於家室囉。

溝通是與雙子一起生活的重要關鍵字，施壓對他一點用都沒有，完全不可能就範。如果想要和雙子情人在一起，請用心溝通，否則雙子永遠是天邊那一朵不婚的雲，一看到婚戒就逃得遠遠的那朵雲。

抉擇關頭，雙子選愛情還是顧麵包？

雙子不喜歡這種選擇題，因為有太多變數與原因都會影響結果，而且這個命題不合邏輯，難以回答。沒錯，這就是雙子，隨時都腦袋清楚，很難被誆騙的難纏咖。

面對愛情，雙子樂於享受愛情的甜蜜、美好與浪漫，但並不希望既有的自由自在受到約束，也不可能為了感情犧牲自己的生活方式，更不樂意情人藉著關懷之名，開始來管東管西干涉自己的私生活，這會影響雙子揮灑才華的空間。至於感情世界裡的食衣住行，雙子不太計較誰去買、誰去做、誰付帳，他不是故意逃避，只是覺得沒有必要用放大鏡去檢視，拿來大作文章。如果你非要雙子在愛情和麵包中二選一，否則雙子一定會給你第三個答案：若為自由故，兩者皆可拋。

雙子的愛情續航祕笈

談一場戀愛吧！這對雙子來說真的是輕而易舉的事，憑藉伶俐的口才、幽默的談吐、靈活多變的性格，很多異性都會被雙子的獨特魅力所吸引。雙子的愛情通常都是開始很順利，但持久性就差一點，可能要多花點心力好好和情人相處，這樣愛的路上才走得長久。

口齒伶俐的雙子說起讚美的話分外動聽，會令情人渾身舒服歡暢。雖然也有人不愛這套，覺得雙子太會講，不太誠懇。不過雙子一點都不介意，反正讚美人人愛，即使有人不以為然，還不是一樣聽得暈陶陶的暗爽在心裡。

不過雙子談感情時有個眉角，可能連自己都沒察覺，那就是雙子不喜歡跟人太親密。兩個人有各自的生活空間，不是很好、很自由嗎？幹嘛要兩個人天天膩在一起，不但不能享受愛情反而像被愛情綁架了一般，感覺好窒息而難以消受。

自信是大膽表達感情的基本勇氣，有了表白才有後續的愛情故事。當愛情有了美好的開始，要如何邁向天長地久？就看兩造如何各自展現魅力，持續互相吸引，以及當遇到各種衝突、爭執、歧見時，是否能夠理性溝通，而不是用言語暴力、甚至肢體暴力，或是情感報復來摧毀兩人曾經一同努力營造的情感。

Chapter 04
巨蟹座
Cancer

愛情亮燈指數

巨蟹座 ★ 牡羊座	65	♥♡♡♡
巨蟹座 ★ 金牛座	85	♥♥♥♡
巨蟹座 ★ 雙子座	75	♥♥♡♡
巨蟹座 ★ 巨蟹座	75	♥♥♡♡
巨蟹座 ★ 獅子座	70	♥♥♡♡
巨蟹座 ★ 處女座	85	♥♥♥♡
巨蟹座 ★ 天秤座	65	♥♡♡♡
巨蟹座 ★ 天蠍座	95	♥♥♥♥
巨蟹座 ★ 射手座	65	♥♡♡♡
巨蟹座 ★ 魔羯座	85	♥♥♥♡
巨蟹座 ★ 水瓶座	60	♥♡♡♡
巨蟹座 ★ 雙魚座	90	♥♥♥♥

CANCER

巨蟹座的愛情

Q 如何敲開巨蟹座的愛情之門？

小鉗子是月亮守護的星座，幾乎每個小鉗子都和媽媽的關係親密良好，在媽媽溫柔照拂的光輝裡幸福長大，讓小鉗子在感情世界裡，樂於當個照顧情人、願意為情人帶來幸福的暖男與好女。

「家」的溫暖，對小鉗子有著難以抗拒的吸引力，也是小鉗子夢寐以求的人生理想。當小鉗子真心喜歡某人的時候，就會釋放出無限柔情，讓人立刻感受到被溫柔暖暖包圍的幸福感。

不過一旦戀愛正式展開，小鉗子柔情裡深藏的控制欲便會漸漸顯露出來，希望自己能夠像媽媽一樣，無微不至照顧情人一切的一切，甚至希望自己能幫情人把每件事都安排妥當，真的就像媽媽那樣。情人會日漸感受到來自小鉗子的控制壓力，驚覺自我空間正被小鉗子快速接管，心中迅速升起想逃的驚恐。小鉗子，請務必自我節制、否則入袋的獵物會跑光光喔！

小鉗子對家很有感，是標準的「顧家咖」，在談戀愛的時候，不僅樂於享受戀愛醞釀的幸福甜美氛圍，更願意多花點心思替未來的家描繪願景，渴望給心上人最棒的家與生活。但小鉗子有感情不穩、胡思亂想與缺乏安全感的毛病，而且雖然是受月亮保護的星座，卻也深受月亮變化影響而情緒起伏最大的星座，往往前一秒心情還很OK，後一秒就掉進深淵，這一點很令情人困擾。了解都是月亮惹的禍之後，大家是否能給小鉗子多點包容、多點溫暖呢？

小鉗子除了對家特別依戀，對於老東西也很有感，是個標準懷舊咖。所以小鉗子很珍惜有記憶、有時光痕跡的物件，不明白的人以為他是節儉，捨不得丟東西，明白他的人就知道小鉗子的善感與念舊，珍惜每件深具意義的紀念物。這也暗示：小鉗子的記性好，回憶超乎想像的忘不了。

如果你被小鉗子煞到了，請認清眼前的小鉗子是位溫柔、愛照顧（控制）人又念舊、好記性的戀家咖，你們的愛情永遠要以關心、關懷作為不變的基礎，這段感情才有機會修成正果。

Q 愛情EQ初一十五不一樣！

對於對愛情抱持不信任態度的小鉗子，對於感情唯一的要求，就是安全感、安全感、安全感，而且必須經過自己實測，經過時間的考驗之後，達到小鉗子心中對感情的標準，才敢放心「愛」下去喔！否則小鉗子實在很難對未知大於已知的對象投入真感情。

為什麼小鉗子會對感情這麼龜毛小心？因為都是月亮在守護、操控啊！所以小鉗子的情緒會隨著月亮的陰晴圓缺而變來變去，造成情緒上的起伏不安，這就是對感情抱持不信任態度的根源，這樣明瞭了吧！所以要和小鉗子談戀愛，一定要懂得安撫他那月亮般又圓又缺的變化心緒，等到產生足夠安全感之後，感情才有機會滋長。

儘管小鉗子已經墜入愛河，月亮的影響仍是無所不在，此時不信任的態度會轉換成對情人的疑心，這對感情殺傷力極大，小鉗子務必小心自制，以免成為感情路上永遠跨不過去的鴻溝。記住，信任並不難，要信任自己的家人、情人與友人，才能將自己從不安的牢籠裡釋放！

愛情不是先立下保證書、承諾書才開始的交易，而是放下所有保證，學習去信任所愛與愛你的人，一切不信任與不安才有機會轉化為幸福的青鳥把你圍繞。

Q 喜歡，就綁在一起吧！

小鉗子因為缺乏安全感，所以對於愛情的看法是強調自我保護路線，當他愛上一個人時，這種自我保護意識會將愛人納入自我的範疇，產生強烈的「我要保護他」的意念，進而無微不至地照顧關懷，成就小鉗子對「家」的關懷與愛。所以從長遠來看，小鉗子的愛情觀就是為了要打造一個屬於自己和情人的「家」，不要懷疑，這就是小鉗子愛情的終極目的。

在感情裡，不信任與缺乏安全感是兩大地雷。在感情確認歸屬之前，他讓有情人飽嚐善變、測試之苦；感情公開後甚至結婚成家之後，不信任與缺乏安全感就偽裝成疑心病，又開始躲在自己的防禦盔甲裡，懷疑來懷疑去、不斷試探情人是否值得信任，要求在

「家」的前提下把兩個人的利益與生活綁在一起，給另一半極大的束縛與壓力。

講那麼多聳動的愛情條件，其實小鉗子對愛的詮釋是很細膩的，一旦認定愛人就是你——肯定會以最大的誠意讓你分分秒秒感受到自己是百分百被愛包圍。不過偶爾還是會露出偷偷放縱的情緒，那就趕快把情緒消化掉，還請情人多多包容。

Q 愛情狀況題

狀況一 巨蟹座的寂寞耐受指數

小鉗子是一個很有情緒的傢伙，但不一定是情緒化的傢伙。小鉗子很期待「愛情」大駕光臨，因為他希望有伴，不喜歡一個人冷清清過日子。有了家的小鉗子，就會變成超級戀家咖，終其一生都會牢牢愛戀著自己與情人一手打造的窩。

愛情，讓小鉗子煥發光彩，因為有愛情來敲門，就表示有機會擁有一個自己的家。一旦愛情久久不來敲門，小鉗子就會陷入沮喪的泥淖，懶得梳妝打扮，開始變成邋遢咖。唉，這樣愛神看到你的模樣都嚇得加快飛走，愛情怎麼會來呢？所以為了讓愛情趕快降臨，小鉗子務必要打起精神，千萬不要鑽牛角尖，更不要輕言放棄，一定要努力維持最佳狀態，激勵自己以自然魅力吸引頻率相同的情人上門。記住——要怎麼收穫先那麼栽，機會要自己創造，把握自己行事細膩的優點、善於照顧關懷人的魅力，拿出自信，散發你的吸引力去迷死人吧！

狀況二 心頭怦怦亂撞時

被小鉗子愛上說幸福很幸福，說無感也很無感。為什麼？當小鉗子初初愛上一個人時，情感是很曖昧地鎖在自己眼裡和心裡，對方是難以察覺的，所以很無感。殊不知此時此刻小鉗子已是內心澎湃，對心儀的他展開漫長的觀察與凝望，而且小腦袋裡已經開始規劃兩個人一個家的未來，彷彿兩人已經互許承諾要共度一生。其實，八字根本還沒一撇！所以想歸想，小鉗子拜託拜託，快快付諸行動吧！

至於小鉗子看到喜歡又心動的人時，會如何切換到行動模式？通常小鉗子會深思熟慮、考慮再三，沙盤推演加上三思而後行，期間肢體上小動作頻頻，但偏不告白也不明說，不知是等對方開天眼還是自己頓悟？有時實在想太久了，戀情還沒明朗，心上人就被別人追走了，更慘的是對方根本不知道小鉗子已經在心中深深戀愛了數回。所以，已經心動的小鉗子，既然鎖定目標，就要趕快展開行動，不要只是想，以免目標消失，火力全廢，後悔莫及。

建議小鉗子，當你喜歡上某人時，不妨大方地以平常心和對方交個朋友，或許從朋友做起比較不會有那麼大的壓力，而且做朋友正好可以從旁慢慢觀察，適不適合相處一段時間就知道了。如果真的中意對方，有友誼與朋友圈做基礎，慢慢培養感情，也可以預防對方突然被別人先一步追走。

狀況三 愛神的箭射中紅心時

小鉗子陷入愛河時，甜蜜湧現、眉開眼笑的戀愛中姿態看在外人眼中是非常明顯，只有當局者迷，他還以為自己隱藏得很好，大家都沒發現。不過有時候小鉗子仍是會落入想太多的窠臼，把腦袋裡自編自導自演的跟現實生活裡的傻傻分不清，搞得情人摸不著頭緒。所以奉勸小鉗子，想像和現實要分清楚，以免貽誤自誤啊！

小鉗子在愛情初期，會有把事情想得太過美好的現象，如果真的如其所願一切順利美好，小鉗子當然會更愛情人囉！萬一情人有自己的想法，並沒有照著小鉗子的劇本來演，脫離了他預先設定的秩序，那該怎麼辦？小鉗子一開始會忍住，先享受愛的滋潤，但時間久了還是會覺得有疙瘩，於是進入有爭執的適應期，甚至懷疑明明兩個相愛的人怎麼愛著愛著就變了樣呢？是不是不愛了呢？其實，情人之間的愛沒變，只是小鉗子又犯了想太多的毛病，只要有自覺的智慧，提點自己不要想太多，愛情就可以繼續走下去。

狀況四 巨蟹的甜言蜜語

關於愛情，小鉗子是既期待又怕受傷害。期待的是愛情帶來的滋潤甜蜜，渴望在愛情中建立兩個人之間的親密關係，但害怕的是自己全心投入，卻是肉包子打狗有去無回，想到這裡就自信全消，整個人從愛情面前退縮下來。最糟的是因為害怕付出的感情收不回，乾脆就拒絕相信愛情、不想與情人建構情人專屬的親密感。這種因噎廢食的自我保護機制，是愛情的最黑殺手，千萬要小心。

小鉗子談戀愛有三大特點：安全、安靜、一定要照顧對方，如果你的神經不敏銳、喜歡被細膩呵護、不介意被溫馨照顧的話，歡迎與小鉗子結成一家人。但是小鉗子談戀愛也有三大問題：多疑、欠安全感、想太多。這三點是很多另一半無福消受的，所以小鉗子要努力提醒自己，在愛情與婚姻裡，要懂得信任、接受、偶爾也要被照顧，唯有相愛的兩人互相體諒與接受，幸福才會來敲門。

狀況五 巨蟹放閃曬恩愛

小鉗子是戀家咖，因此一旦談起戀愛就是以成家為目標，必定對未來的另一半超級好、超級黏，義無反顧地不斷把愛投入這一段感情，希望能夠順利到達夢寐以求的幸福家庭。當然另一半不能只是被動地接受，他必須以真實而溫暖的愛、明確而深刻的感情，作為回應與回報，小鉗子才會有溫馨、溫暖的愛家感受。

能夠被小鉗子愛上，是一件美麗又幸福的事情。在小鉗子的愛裡面，接受無微不至的照拂，彷彿重回童年時期慈母的懷抱。不過並非人人都愛這一味，有些人喜歡自由自在，要有自己獨立的生活空間，小鉗子黏TT的愛可能就會被敬謝不敏。總之，感情的事就是一個願打一個願挨，找到喜歡你這調調的另一半就對了。

提醒小鉗子，愛情從開始到修成正果，過程十分美妙，絕非一蹴可幾，千萬要有耐性走下去。過程中一定會有大風大浪，兩個人要相互扶持、好好溝通，才能挺過風雨，讓家更穩固、更幸福喔！

狀況六 愛人鬥嘴鬥氣時

小鉗子的特色就是敏感、多變又情感細膩，所以談戀愛時一旦與情人發生爭執，往往會因為想太多開始在腦海裡翻舊帳，引發火上加油的可怕效應，讓感情在吵架中岌岌可危。所以雙方最好冷靜下來，好好溝通，到底不愉快的是哪一點？一定要找出爭執點，雙方針對歧異把觀點與看法講清楚、說明白，但千萬不要想太多，更別讓吵架傷到真感情。記住，有效的溝通會增加彼此的了解，開啟更深刻的認識，建立更進一步的新相處模式，未必是壞事喔！

總之，要想從爭執中解放，就要先把癥結找到，然後雙方一起化解。過程中可能言詞上會有所衝撞，但試著換一種口氣，改以讚美的方式出口，結果會截然不同喔！

Q 當超瞎小三現身攪局時

小三？天呀，你竟然這樣對我！小鉗子完全不能接受。因為在感情與婚姻中，小鉗子是百分百付出，無怨無悔，全心投入。一旦出現第三者，絕對是要命的打擊，令人無法承受。冷靜、冷靜、再冷靜，先別急著想那些五四三，趕快先把事情釐清才是重點。

狀況一，另一半只是暫時迷惑，絕非存心出軌。這時小鉗子有投票權，可以決定另一半要留在場上？還是出局。這是個困難的抉擇，小鉗子如果要原諒他再續前緣，那幸福小屋的裂痕該如何修補？這才是真正的考驗。

狀況二，小鉗子只要小三，不要另一半。戀家咖會做出如此離經叛道的抉擇，多半是敏感的小鉗子已經嗅到配偶的愛已逝，偏偏此刻碰上了新歡，於是小鉗子的感情有了新支點，便會頭也不回地放棄不堪經營的家，**砍掉重練**。

狀況三，另一半掛冠求去，令小鉗子難過又難堪。由於平常習於想太多模式，一旦遇到這種情境，馬上就把平日沙盤推演的方案點開，反而沒有那麼震驚與埋怨，既然情已逝，那就這樣吧。反正心裡已經有準備，小鉗子反而能平靜以對。

Q 巨蟹座情人的分手眉角

小鉗子做什麼事都是三思又再思，經過深思熟慮、沙盤推演、想好一切可能發生的狀況之後，所下的決定，打死不變，天王老子來說情也不行。即使是感情這麼複雜多變且投入甚深、依賴更深的事情，只要小鉗子忍著撕心裂肺的傷心定下「分手」的決定，那就必會分手。因為已經想得夠清楚，就算有盲點也只有認了——不會有轉折，不再心軟。

不過會讓小鉗子這麼痛下分手，必定是對方傷到了他的真心，忍無可忍之下才會做出這樣的分手決定。對方可能是變心的肇禍者，絕無寬貸的可能。分手不是感情傷痛的終結，往往是感情挫敗沮喪的開始。那小鉗子該如何療傷止痛、重新站起來？或許重新開啟一段新感情會是比較好的方式，儘管小鉗子會更小心翼翼，但是只要對愛還有渴望與信心，不妨順著感覺走下去，一定會有美好的事情在前方等著你。

在此奉勸小鉗子，感情的事有時還是保留一點彈性，凡事皆有前因後果，讓對方有申訴的機會，自己也得以看清楚事情的真相，會不會比較圓滿？

Q 巨蟹座失戀的獨門解藥

小鉗子愛家、戀家，願意把一切都奉獻給家庭、把心全放在愛人與家人身上，照顧到無微不至，體貼入微，甚至產生愛的壓力而不自知。要知道，愛情中的壓力往往會成為分手的原因，雖然令人難以接受卻是真的。

小鉗子面對失戀，會經歷入戲太深難以抽離的痛苦階段，加上胡思亂想的毛病，每每讓自己陷入一團混亂。最亂的部分，就是對方已經接受分手欣然離去，並不想復合，但小鉗子仍不甘心、不想認賠殺出，仍肖想重修舊好，而讓自己在苦海裡翻騰沉溺走不出來。

可憐的小鉗子，失戀是愛情的必經歷程，你應該好好面對、接受事實，好聚好散是戀愛的美德，不鑽牛角尖則是為自己設下失戀的停損點——與其繼續沉淪不如趕快振作，把失戀當成寶貴的愛情經驗，讓下一段感情更順利更美好。憑著小鉗子感性又細膩的性格，以及對家庭的愛與付出，不可能找不到真愛的，加油吧！

巨蟹座的戀愛 TIPS

CANCER

小鉗子談戀愛，往往經過內心漫長的推敲演練，一旦付諸行動，目標明確——就是以建立一個家為終極目標。如此鮮明的表態，每每會嚇到心上人，儘管談戀愛大多希望能夠步入禮堂，不過若是太過直接的目的導向，會讓愛情的浪漫氛圍灰飛湮滅，讓情人覺得太有壓力而卻步。

此外，小鉗子也有過度情緒化、敏感與想太多的傾向，容易為愛情增添不必要的變數與麻煩。所以請不要三思+再思，想一回合就可以行動吧，而且神經偶爾粗線條一點，這樣才不會造成情緒過度的波動，才能把情緒控制好，一旦進入穩定的階段，你才會享受到更多戀愛的歡愉。

小鉗子不是戀愛高手的料，所以請避開愛情玩咖，老老實實找一個個性相合、對家有相同嚮往的對象，談一場彼此有感覺又有安全感的戀愛，一起往成家之路邁進。

巨蟹適合當「不婚族」嗎？

小鉗子完全沒想過要當不婚族，也不適合當不婚族，因為小鉗子是愛家、渴望家的人。即使是還沒談戀愛、結婚的小鉗子，對他的原生家庭也是充滿愛與眷戀，是非常照顧家的人。不過戀家和婚姻在小鉗子心裡是兩回事，因為家始終都在，而婚姻則是自己人生的必經歷程，是與情人共創屬於自己的家，所以會更加小心挑對象、嚴加審核（甚至到疑心的程度），反覆觀察對方是否符合自己原訂計畫的理想人選。

如果你看到適婚年齡的小鉗子還是孤家寡人，別瞎猜，肯定是緣分未到或還沒到想婚的時機，絕對不會是不婚以終。一旦小鉗子下定決心要做的事，就會縝密規劃，幾乎都會成功，所以當他認為是時候要追求愛情時，就會強棒出擊，順利贏得情人歸喔！

抉擇關頭，巨蟹選愛情還是顧麵包？

小鉗子愛家、重視家，樂於為家付出一切，無怨無悔，而且為了要維繫自家小宇宙的運行，需要極大的愛與安全感，所以對小鉗子而言愛情與麵包都一樣重要。

因為有月亮守護讓小鉗子成為擁有濃濃保護欲望的人，尤其在感情上不但能細膩以對，更能全心全意照顧情人，完全不存私心利益。所以當你和小鉗子墜入愛河，請相信你是被揀選的超級好咖，而且小鉗子已經做好為你付出、衷心照顧你的準備，這種被愛團團擁抱的溫暖氛圍，令人心動又感動，立馬想發誓此生愛之不渝。

有愛情護體，還是需要麵包維持肉體存在，凡事深思熟慮、做事有計畫的小鉗子，深知麵包的重要，對於家裡的經濟狀況與物質生活水平是非常在意的。因此談戀愛時，若發現這段愛情沒有麵包潛力，很可能會砍掉重練，選擇有麵包潛力的愛情來培養，聽起來很現實，但是對於未來的家而言這樣做絕對是正確的。麵包與愛情的選擇題，是亙古以來自由戀愛的有情人都要面對的問題。其實選哪一個都沒錯，端看選擇時的處境與心態，畢竟沒有人故意去選一個不會幸福的答案。總之，麵包是人人都需要，至於愛情，就看當事人的抉擇囉。不過請務必記住，選你所愛，愛你所選，才可能得到真正的幸福。

Q 巨蟹的愛情續航祕笈

小鉗子因為是月亮守護母系星座，所以在愛情中一直扮演著穩定的角色，有他就有家的感覺，許多愛情中的遊子都會被小鉗子的溫馨、質樸與安定的感覺所吸引，嘗試安定下來，一起編織家的夢想。

小鉗子在愛情裡最大的優勢，就是完全付出的愛、細膩的感情與周到的思維，處處為情人設想周到，而且很願意執行到位，這真的是獨一無二的能耐，無人能敵。凡是被小鉗子相中的，都是經過長期觀察、層層測試、嚴格篩選的優質人選，因為小鉗子是絕對的感性主義者（意思就是理性很缺），對愛情安全感要求很高，所以歷經重重關卡審核的對象，必定是讓小鉗子絕對放心、可以全心全意愛下去的好人。

熱戀中的小鉗子有沒有缺點？有，仍然是想太多這個缺點，不過只要沒到達無中生有的瞎扯地步，應該都還算可以接受啦，只是還是自制收斂一點比較好。相對地，小鉗子應該多多開發自己的直覺（就是不要想太多），這樣就不會讓過多的憂思弄皺了迷人魅力，掩蓋了小鉗子的自信風采與精彩的才華。

小鉗子，愛情恆久遠靠的不是鑽石，而是自信，勇敢地將自己最棒的一面表現出來，有自信保證就成功了一半啦！

Chapter 05

獅子座

Leo

愛情亮燈指數

獅子座 ★ 牡羊座	85	♥♥♥♡
獅子座 ★ 金牛座	75	♥♥♡♡
獅子座 ★ 雙子座	85	♥♥♥♡
獅子座 ★ 巨蟹座	70	♥♥♡♡
獅子座 ★ 獅子座	80	♥♥♥♡
獅子座 ★ 處女座	60	♥♡♡♡
獅子座 ★ 天秤座	90	♥♥♥♥
獅子座 ★ 天蠍座	70	♥♥♡♡
獅子座 ★ 射手座	90	♥♥♥♥
獅子座 ★ 魔羯座	65	♥♡♡♡
獅子座 ★ 水瓶座	75	♥♥♡♡
獅子座 ★ 雙魚座	80	♥♥♥♡

獅子座的愛情

Q 如何敲開獅子座的愛情之門？

由太陽守護的小獅子，王者風範渾然天成，走的自然是強勢路線，展現君臨天下、掌控一切的氣派。只要是相處過的或周邊出沒的親朋好友，一聽到這傢伙是獅子座的，都會「喔！難怪這麼霸道！」這些老百姓怎麼會懂身為王者的責任感與氣度呢？如果不掌控全局與大家的動態，如何保護、關照大家，怎麼配當王者呢？

其實就連在感情上，小獅子的權威也是不容挑戰。所以要當小獅子的情人就要學習忍耐與包容，盡情享受小獅子對你的好，當個被王者寵愛呵護的幸福人。

但是要成為小獅子的情人並非易事，首先要吸引小獅子的注意，自然要把自己打扮得像「獵物」——男的沒話說就是要帥帥帥到底、女的就要美美美到天花亂墜，而且要不時展現獵物專屬的誘人魅力，記住是要與王者匹配的高貴魅力喔！這樣才會讓小獅子見獵心喜，擺出巨星的帝王架勢，展開追求行動。

一旦啟動愛情模式，小獅子的王者角色就變成小貓咪角色，而且是超級豪華裝扮的權貴貓咪！情人要不斷給予言詞的讚美，以及讚嘆崇拜的眼神，這是小獅子愛的心靈食糧，就像馴獸師手中的小魚、點心，不論何時何地只要小獅子有需要，情人就必須趕緊配合拋出，不得有誤。

大家別看獅子座平時出巡都是雄壯威武很強勢的模樣，其實內心仍是一隻需要呵護、照顧的小獅子，有時也會很脆弱就像小貓咪那樣，非常渴望有溫暖的撫摸與擁抱。所以情人們千萬不要被視覺所騙，請隨時摸摸你的小獅子，讓他感到安心舒適被關愛，這樣兩人的感情才會跨出王者與庶民的初階，提升到相互扶持、互相依賴的情人境界。

記住，懂得將服從包容與關愛呵護交相運用的情人，就能讓小獅子服服貼貼，快樂地與你談戀愛。小獅子三不五時會發作強大占有慾和激烈嫉妒心，記得別鬼迷心竅去試探小獅子的真心，以免反遭吞噬，後悔莫及。

總之與小獅子談戀愛，就要運用智慧與技巧取得對等的戀愛地位，不要痴心妄想去指使他、挑戰他，也不要不自量力去威脅他、恐嚇他，王者絕對不吃這一套。取得互信與相愛的基礎之後，就可以在長久的平和歲月中，展開你倆的浪漫愛情。

Q 愛情EQ有口皆悲

身為萬獸之王，舉世臣服腳下，小獅子似乎沒有必要控制自己的脾氣與情緒，要什麼就要趕快，完全不能容忍、等待，更別說自我控制，總之脾氣來了馬上爆發，又急又快，令人招架不住。雖然小獅子是可以講道理的，但是絕對不是在氣頭上，必須挑心平氣和的良辰吉時才行。因此小獅子的EQ，幾乎是有口皆悲。

談戀愛時甜蜜的兩人世界，小獅子在愛情的氛圍裡，學習與情人相處，開始懂得配合、包容與諒解，不再只想到自己，也不再只是指使他人、要他人讓讓。因為愛，讓小獅子開始理解控制情緒的重要，不再一看不順眼就龍顏大怒，追究責難，讓情人有一種當奴婢、奴才的幻覺。這種幻覺一旦成真，情人必定馬上以大爆發回敬你，然後立刻跟你說再見。所以好好處理自己的情緒問題吧！

不過既然選擇和小獅子談戀愛，應該對這位王者的毛病與眉角有所了解，他不僅情緒管理不佳，還特別愛面子，就算朕有錯也不能在眾人面前給朕難堪。所以情人只有以無比的愛心與耐心來包容小獅子的任性。當然身為小獅子的情人，也不能做出讓小獅子覺得難堪的事，這樣愛情的路才走得下去。

Q 喜歡，就華麗愛一場吧！

小獅子的王者氣度幾乎是與生俱來、自然而然散發出來的氣勢，生來就是要萬民景仰、受人矚目，周邊的人很難假裝沒注意到。當然，戀愛時也會以君臨天下之姿，讓情人強烈感受到王者的華麗排場，有備受榮寵的尊貴榮耀。

小獅子為了取悅情人，會花費心思把兩人的戀愛之路設計得繽紛多姿，讓情人受寵若驚。如果小情人對於小獅子表達愛意的手法樂在其中，小獅子會玩得更帶勁兒。假如情人不愛吃這套，小獅子就會像洩了氣的氣球，癱在一旁沒戲唱，覺得自己一整個自討沒趣。

小獅子對愛情看得很重，全心全意對情人好，十分專情，絕少發生只見新人笑，不見舊人哭的悲劇情節，而且願意為愛挖空心思，發揮創意，甚至搞得比偶像劇還浪漫、還要無怨無悔。整個人因為愛散發迷人的活力，魅力指數狂飆破表。所以戀愛中的小獅子們永遠魅力四射，活得有聲有色。王者之愛本來就該亮麗璀璨，但更重要的是對愛忠誠，才能讓為愛付出的一切變得有意義。

Q 愛情狀況題

狀況一 獅子座的寂寞耐受指數

寂寞，是小獅子最難以忍受的東西。小獅子是愛熱鬧的人，總是被親人、朋友前呼後擁的捧在頭頂，怎麼能忍受自己孤單一個人呢？更慘的是當小獅子不幸真的落單時，王者的驕傲會阻止他發訊息給朋友，以免被人發現，因為這對小獅子而言是非常傷顏面的事。

小獅子真的很少會落單，如果真的出現一個人的狀態，那就真的是欠朋友（這要好好檢討），或者小獅子有心事，不想和大夥混在一起，想要一個人靜一靜。一個人其實也沒甚麼不好，正好可以靜下心來，好好想想自己的生活、自己的未來，是否該重新規劃一下？在這段重整思緒的時刻，小獅子可能真的形單影隻略顯落寞，不過挺過去就會有更好的自己展現在眾人面前。

狀況二 心頭小獅子亂撞時

碰到心動對象出現時，每個人幾乎都會遐想紛飛，之後有的人會付諸行動，有的人則是想想而已沒有實際追求。但是當小獅子在茫茫人海中，一旦發現喜歡的那個人，小獅子的腦袋裡就開始綺想，而且當對方善意回應願意做朋友試試看，小獅子就會全力以赴做很多讓對方感動的事。

不過當兩人開始深入交往之後，情人就會發現小獅子有很多眉角，而且這些似乎都不能碰觸，即使委婉與之討論，小獅子也沒耐性傾聽，更沒有面對與處理的意思。幾經嘗試，情人就會對小獅子感到失望，這段感情自然也就走不下去。

世界上或許真的有一見鍾情的傳奇，靈敏的直覺在一瞬間爆出來，在心中響起清脆的鈴鐺聲，彷彿在說眼前這位就是你的真命情人。憑著小獅子的條件，要讓對方心動交往並非難事。但是奉勸小獅子，談戀愛至少也要相處個幾天、幾個月、幾年，光憑這一點衝動就認定彼此，會不會風險太大？是否在心動之後多加兩個步驟——首先捫心自問自己對準情人的感覺是一時衝動還是深思熟慮的結果？如果深思後浮現若干疑問，就進行第二步驟「客觀觀察」，了解這位準情人，是否真的完美如第一眼？通過這兩個步驟，可以保護自己不被一見鍾情所蒙蔽，也保障對方不被誤會一場。

狀況三 愛神的箭射中紅心時

愛面子的小獅子為了給情人好印象，往往彼此關係一確認，就會使出渾身解數，帶著滿腦子幻想，玩出許多令情人驚喜的花招，情人最好也能配合演出，否則小獅子會感到錯愕不解，也會覺得沒面子。當然，不是每位準情人都吃這一套，有的就直接給個呸！碰到情人這樣激烈的負面回應，小獅子請處變不驚，不要瞬間驟下斷語，把情人間偶爾的你要我不要升級成分合議題。這樣真的是反應過度。

所以奉勸小獅子，最好早早體悟每個人都是獨立完整的個體，情人能配合演出當然最好，若不能也要尊重。畢竟地球不是小獅子一個人的，不會只為小獅子而轉，所以不要因為情人對你費盡心思的所做所為無動於衷，甚至嗤之以鼻而感到沒面子就使性子。這時小獅子應該要學習在愛情中換位思考，與情人好好溝通，實際的了解對方的想法、關心對方的感受，這樣才能真的找到增進彼此感情、拉近彼此心靈，走向愛情恆久遠的正確路徑。

狀況四 小獅子的甜言蜜語

小獅子向來是幻想＋行動派，一般人口中的甜言蜜語只是說說而已，但是到了小獅子就變成具體的行動，身口心全然投入，就為了讓情人徹底感受到那份濃情密意，小獅子在這整個甜言蜜語的實踐過程中，得到無限的滿足，自我感覺超棒。情人如果是頻率相同，自然也會甜蜜快樂在心底；萬一頻率不合，那就只有兩個結局，一是嚇跑，一是我呸。

建議小獅子，啟動甜蜜言語攻勢前，最好先了解你的情人愛不愛這一套再行動。事前知道對方不愛這套方式，就換對方喜愛的招式啊！總之，要讓愛情始終保持動力，小獅子的行動力絕對足夠，只是要對症下藥，不能一意孤行，最重要的是一顆真心，這才是讓情人愛你的關鍵。

狀況五 小獅子放閃曬恩愛

小獅子的個性，基本上就是一個開朗活潑、沒心機的大小孩，談起戀愛時也像孩子一樣，愛到最高點就是熱心熱血、挖空心思用自己的方式去寵愛對方，完全沒在怕，也沒考慮對方是否接受，只希望讓情人覺得自己是全天下最受榮寵的天之驕子。不過小獅子不惜血本的瘋狂付出，並不是每個情人都有福消受，受不了而閃人的也大有人在。

所以小獅子要學習的是為付出設定觀測機制，先偵測情人吃不吃這一套，吃的話再來預估耐受度，因為任何甜蜜都得恰到好處，這樣才能收到預期的放閃恩愛效果，不然就會適得其反。還有要提醒小獅子，愛情最美的是過程，不要為了單發點放的煙火，錯過了品味愛情滋長的甜美過程；不要只想秀自己的愛多有創意多精彩，而是要注重兩人相處時的傾聽與溝通，以及美好的心靈交流，唯有真誠地相信相依，才是完美戀情的內涵。

狀況六 愛人鬥嘴鬥氣時

小獅子是直腸子的人，不太懂得克制，也不太會把注意力放在自己行為的節制與觀察上，所以一旦碰到有人披其逆鱗，脾氣立刻大爆發，完全不需要徵兆與醞釀，立刻變臉，平日王者般的高貴氣度完全破功，如果對象是家人朋友，儘管殺傷力大但因為了解個性，通常也就摸摸鼻子算了；可是若發作在情人身上，難聽的話如傷人刀劍，直接嘶傷愛人的玻璃心與脆弱情，一旦破碎就很難挽救喔！

偏偏小獅子大剌剌的直性子，脾氣一過就跟沒事似的，完全不知道自己剛剛颳的颱風造成周邊親朋好友與情人多大的災難。碰到懂他的情人，就能包容與體諒，但是反覆發作的次數多了，再知心的人也會大呼受不了，寧可離開。

在此奉勸小獅子，面對愛情要放下驕傲，沒有互相尊重就沒有面子這回事。與其大放脾氣之後拉不下臉道歉，何不在怒火上升之際先別急著發作，剎車先踩一下，把事情想清楚之後再做理性的回應也不遲啊！如果你真的在意眼前的情人，務必在開口之前先讚美對方，HOLD住全場，再來溝通相左的意見，這樣對感情的增長與持續比較有利。

Q 當超瞎小三現身攪局時

有王者霸氣的小獅子，在戀愛中喜歡擺阿莎力的派頭，對感情看得很重，也很念舊情，總希望自己經營的愛情能夠開花結果，得到祝福。

正因為是一個重情重義的好人，當有小三或小王介入時，對這位愛情王者的打擊之大，真的不是外人可以理解的。不過王者畢竟是王者，小獅子面對感情的第三者不是呼天搶地、怒責天地，而是反問自己——要不要當機立斷？

在小獅子的決策體系中，開朗的個性會希望與情人、第三者講清楚、說明白，大家有話直說，不要避不見面、不給答案、互相欺騙、大搞曖昧。答案有了，小獅子會明快地做出決定，愛與不愛都很明確。儘管面對事實很痛苦，但小獅子一咬牙還是承受得起，而且絕不當軟柿子。如果兩人還有情還想在一起，就好好把事情善後，努力修補關係，重新開始；如果兩人已經不愛了，分就分了，負心者速速退散！雖然傷心在所難免，往好的方向想表示自己對愛還是有感的，療傷止痛之後還有能力展開新的愛情故事喔！

Q 獅子座情人的分手眉角

小獅子是百分之百的愛面族，當戀情告吹面臨分手時，不論是自己想脫身，或是對方想閃人，小獅子都不會想公諸於世。原因很簡單，每次小獅子的戀愛事件都是轟轟烈烈地開始，搞得人盡皆知，萬一熱戀期一過發現對方不是自己的最愛，想要分手脫身，這豈不是給周邊親朋好友看笑話嗎？但愛情走不下去的窘迫，熱情火花消退的事實，不想走下去的態勢已經如此明顯，情人並非無感，所以提不提分手？小獅子還是趕緊明快決定比較好，拖延只會讓事情更難堪，萬一被情人搶先提出，面子更是掃地，不是嗎？

倘若情況變成情人主動提分手，愛面子的小獅子應該會抓狂。王者如我，如此榮寵你，擁有我的高貴愛情的你竟然想求去？這怎麼可以！小獅子無法忍受這種王者的特權，被別人用來將自己一軍，絕對不可以。小獅子先別跳腳，如果你還想挽回這份情，請好好地面對他，好好溝通，萬一真的無法挽回就祝福他。感情的事從來都是你情我願，勉強不來，不要為難彼此。

Q 小獅子座失戀的獨門解藥

失戀中的小獅子，有一張大家一看就懂的失戀臉，完全無法隱藏。看不過去的朋友就會來安慰幾句，但機靈的人都會避開地雷話題，以免刺激他大發牢騷，開始訴說自己對這段感情多麼用心經營，對情人有多不捨，以及分手讓他多麼生氣等等。

從小獅子的牢騷中，不難發現感情走不去，問題都出在對方，自己在這段早夭的感情中有多委屈、多憤怒。是的，完全沒有自我檢討，試想感情是兩個人的事，怎麼可能一方完全做錯，一方完全沒錯？所以小獅子最好從失戀中學習自我檢討，找出愛情分崩離析的問題點，學到教訓讓下一段戀情撐久一點，最好能撐到修成正果。

失戀不可怕，是談戀愛必然發生的狀況，只要處理得宜就能豐富自己對愛的認知，增進愛情智商。將來碰到真正值得自己拿命去愛的情人時，就能成熟的經營一段沒有遺憾的好感情。

獅子座的戀愛 TIPS

愛情來了，又走了。為什麼沒把握住？因為小獅子還在思考他的面子問題，想太久了，準夢中情人就和別人談戀愛去了。愛情是一瞬間的決策，若是瞻前顧後又要面子，美好難忘的戀情永遠只是別人的故事。

因為愛面子，小獅子即使抓住愛情的翅膀，往往也會因為自己太霸道的王者作風，讓好不容易停下飛翔的情人振翅飛走。所以小獅子請記住，愛情中沒有誰占上風這檔事，只要愛與讓步、溝通與協調，唯有相處和諧才有多采多姿的未來。

愛情中總是有很多意想不到的狀況，小獅子有時太鑽牛角尖，有時又太過阿莎力，沒想清楚就飆出去，這樣對愛情傷很大。試著不把面子放第一，以自己的感情、真心來考量當為不當為，相信就能有不一樣的結果。

戀愛挫折難免，失戀常在，小獅子算是星盤不錯，愛情緣一直有護住，唯一要加強的是愛面子這個壞習慣，一碰到挫敗就退縮，要知道美好的戀情都要歷經磨難，所以堅強一點！提醒小獅子的準情人，小獅子對愛非常忠誠，別任性地試探他，被發現會很難收拾。

Q 小獅子適合當「不婚族」嗎？

小獅子是對感情十分忠實的人，很在意付出與收穫的對等，所以面對小獅子請相信他是百分之百愛你的，千萬不要突發奇想去測試他的忠誠，假如你無法壓抑就是想試探，那麼後果如何要有心理準備喔。

小獅子適不適合「不婚」？原則上他不是「不婚」的料，對於兩人世界也不排斥，甚至還滿能融入與適應，只是個性太霸道需要學會控制情緒、良性溝通與互相協調。婚姻生活中特別值得一提的是養兒育女這件事，小獅子若選擇兩人世界，基本上就不會排斥生小孩。但問題點是小孩一生下來就要照顧一輩子，對於這麼漫長的付出與小心伺候，這是需要決心與取捨的，而且配偶必須全力支持才行。

萬一小獅子真的落單了，對於一個人的生活他也能樂在其中，享受光鮮亮麗、無拘無束的自由人生，可以只品嚐戀愛的甜美，而沒有婚姻家庭、子女等麻煩的事要應付。

Q 抉擇關頭，小獅子選愛情還是顧麵包？

有關麵包與愛情的選擇題問小獅子，他一定告訴你沒什麼好選的，兩個都很重要！大多數人光看小獅子的亮麗與排場，就主觀認定他們是豪門一族，而且認為愈是身家驚人的就愈重視麵包。

冤啊！小獅子愛打扮完全出自王者愛美的天性，即使家中小康或自己只是小資，也會打扮得亮麗光鮮，因為自己開心，讓大家看了也順眼。如果你酸他，沒錢還穿這麼招搖，小獅子可是會咬你的喔！因為錢是自己工作賺來的，要怎麼花干你屁事，不勞鄉民費心。

小獅子個性鮮明，始終如一，對金錢的態度也很明確，亦即不論金錢或麵包都是生存的重要條件，唯有生存不成問題才有好環境來談情說愛。小獅子不喜歡在艱困中談戀愛，那樣太辛苦，味道不對。總之，小獅子喜歡有麵包的愛情，才能亮麗快活地享受愛情的甜蜜；拒絕接受沒有愛情的麵包，索然無味只會讓人生漸漸枯萎。

小獅子的愛情續航祕笈

小獅子的外形亮麗、威儀，舉手投足莫不具非凡的吸引力，而且個性阿莎力，辨事、請吃飯、買單從來不囉嗦；即使在談情說愛上，小獅子也是豪爽、不拖泥帶水，不僅令情人為之驚喜，放閃曬恩愛就連周邊的人想裝瞎都沒辦法，實在是太耀眼愛現了。或許大家會質疑，這是用錢堆出來的沒啥稀奇。錯，小獅子就算阮囊羞澀，也能用更有創意的方式讓大家知道他戀愛了，情人就是某某某。

小獅子絕對是受愛情之星眷顧的幸運兒，在愛情裡散發出無法可擋的幸運、與吸引力。小獅子在戀情中綻放的專注、執著與自信的魅力，絲毫不為么女浪男所惑，每每令情人既放心又窩心，甜蜜驕傲到不行。

Chapter 06

處女座

Virgo

♥ 愛情亮燈指數

處女座 ★ 牡羊座	60	♥♡♡♡
處女座 ★ 金牛座	90	♥♥♥♥
處女座 ★ 雙子座	70	♥♥♡♡
處女座 ★ 巨蟹座	85	♥♥♥♡
處女座 ★ 獅子座	60	♥♡♡♡
處女座 ★ 處女座	75	♥♥♡♡
處女座 ★ 天秤座	75	♥♥♡♡
處女座 ★ 天蠍座	85	♥♥♥♡
處女座 ★ 射手座	70	♥♥♡♡
處女座 ★ 魔羯座	95	♥♥♥♥
處女座 ★ 水瓶座	65	♥♡♡♡
處女座 ★ 雙魚座	85	♥♥♥♡

處女座的愛情

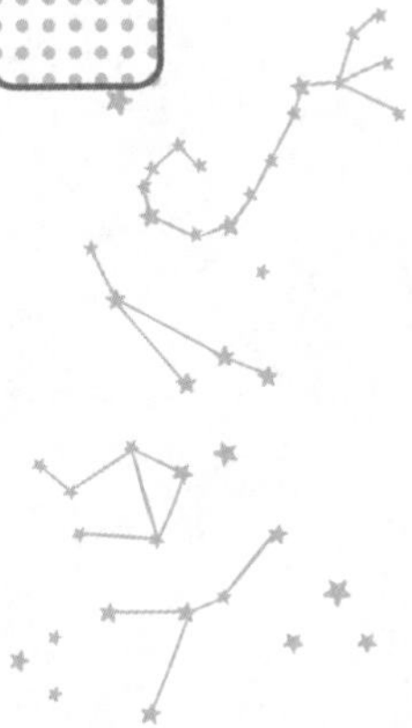

Q 如何敲開處女座的愛情之門？

一提到處女座，大家的壞話就講不停，甚麼龜毛、囉嗦、挑剔、機車、不知變通等等，幾乎都是脫口而出不會嘴軟。講了一大堆處女座的壞話後，才會不好意思地問在場有沒有處女座？唉，壞話都講盡了，現場有沒有處女座真的有這麼在意嗎？

是的，處女座真的如大家所說有這些在意的細節，而且非盯到做到不可，常常讓同事、朋友、家人苦不堪言。但是不可否認，處女座難纏歸難纏，一旦親朋好友有難，第一個毫不猶豫伸出的援手就是處女座，夠意思吧！

但是對於感情的事，處女座就不會毫不猶豫地上前擁抱，絕對是審慎評估到頭髮都白了還在評估，龜毛多慮的症狀相當嚴重。處女座的個性是一旦選定情人，不會虧待人家，保證讓對方相信這是天賜良緣。處女座會嚴格遵循愛要平等，更要對等回報的信條，所以領到通知的準情人，要記得至少做到等值回報，才不會讓處女座不開心。

處女座千挑百選的嚴格審核中，到底什麼樣的幸運兒會雀屏中選？不論男女一定要有聰明與智慧兼具，行為舉止風度翩翩，應對進退合宜適中，這才是入門基本款。進階款的條件都很標準化，就是：不遲到、不言之無物、不邋遢，做到這三樣，就可以長治久安一段時間。

很多人以為處女座這麼龜毛，談戀愛應該也是緊迫盯人吧！錯，處女座對於通過嚴選的情人，給予完全的信任，甚至到了放任的地步。因為處女座很重視自己的生活，所以他要把時間留給自己，去做該挑剔、該龜毛、該嘮叨、該機車的事情上，哪有時間天天盯情人的場？

戀愛中的處女座對情人超級細心體貼，很懂得拿捏分寸，凡事設想周到，清楚掌握底線所在，讓情人完全沒有後顧之憂，於公於私都能贏得稱讚。更棒的是處女座了解藏身幕後的道理，絕對不會搶情人的鋒頭，這一點讓情人很感動。所以凡是和處女座談過戀愛的人，都覺得自己在這段感情中成長不少，獲益良多。那處女座自己的感想又是如何？或許是矜持過頭、熱情不足是兩大缺點，讓情人覺得自己是一壺燒不開的水，容易平白讓戀情不了了之。

Q 愛情EQ好≠無感喔！

處女座或許在團體裡的存在感不是那麼搶眼，但是碰到要協調、做煩人的事情時，大家就會覺得有處女座真好。因為處女座對人體貼細心，故而頗能融入團體，遇上棘手的麻煩工作也能耐心面對，悉心拆解完成，因此身邊總有一幫好朋友挺他。在公司裡，處女座會做事又懂得韜光養晦，再加上情緒管理極佳，容易被主管視為心腹。處女座難道不會有情緒要發洩？只要在人前，處女座就不會顯露自己的真實情緒，如此內斂的智慧真的是其他星座所不及。

但是在工作上表現穩當，並不保證感情路上也一帆風順。處女座對自己能力的要求甚高，因此對情人的挑選也很苛。處女座很清楚自己挑對象的標準，寧缺勿濫，絕不輕易降格以求。所以一旦被處女座選上的情人，基本上都相當不錯，也都符合處女座的要求。

不過愛情無全順，儘管已經是情人拍檔，處女座過於內斂的作風往往欠缺熱情與情緒，易讓情人感到無趣且沒有存在感。此外，處女座的土象星座特質，會不自覺地流露出對物質與金錢的重視，也會被情人判讀歸類為現實一族。在此奉勸處女座，面對人生與感情不妨放輕鬆點，太過實際反而讓人對你沒有想像空間喔！

Q 喜歡，就別再猶豫不決啦！

處女座是無可救藥的完美主義者，不僅要求自己顯現於外的都要力臻完美，在感情上也會要求對方要有相對的表現，因此，有足夠豐富的內涵，這樣才有勢均力敵的趣味，也才是對等的愛情，這是非常務實的作風，很有處女座特色的作法。

由於處女座挑選情人的高標準，往往會讓對他有意思的人，自忖未達標準，所以連試都不敢試就轉身離去。這種情形好壞很難說，但應該會錯失不少良緣，但也只能說沒有自信的人很難和處女座般配囉！當然也會有人未達標準卻以矇騙的手法，想要贏得處女座的垂青，這是很危險的舉動——因為處女座對愛情是要求百分百的誠實，容不得半點虛假欺騙。

處女座的私生活其實很單純，標準的居家咖，不喜歡被人打擾，也不會去打擾別人，就這樣安靜享受居家生活。所以如果你是個愛熱鬧人，無法忍受這樣平淡寧靜的生活，那就不是處女座的菜了；如果你也很喜歡這樣恬淡安靜的居家生活，而且不邋遢、生活習慣良好的話，處女座會很樂於與你一起樸實度日，白頭偕老。

Q 愛情狀況題

狀況一 處女座的寂寞耐受指數

寂寞？怎麼會有寂寞的時候！處女座每天都有忙不完的事，根本閒不下來，生活充實到爆，外人看在眼裡處女座簡直像超人，哪有時間喊無聊、喊寂寞，恨不得老天爺多給兩小時讓他偷空休息一下！假如某天真的因為形單影隻而發牢騷，抱怨怎麼沒人來愛？全世界的人都會說的忠告那就是：不要條件開那麼高啦。

不過這也不能怪處女座，以他謹慎小心的個性，談感情當然要挑一個自己喜歡、滿意的對象，不能阿貓阿狗都來談談看，這像話嗎？可是條件開太高，世界上根本沒有符合標準的完美先生、完美小姐，那就不能怪別人沒眼光。假如處女座嘴巴硬，還在辯稱標準一點都不高，沒關係，反正耽誤的是你自己的青春，旁人才懶得理你。

正因為處女座事事嚴謹，要想到非常清楚才會行動，所以他的字典裡沒有當機立斷四個字，往好的方向去想就是不容易出錯，往壞的方向去想就是想得很周到，固然出錯機率趨近於〇，但損失的時間與時機，端看當事人覺得值不值囉。由於處女座的特性太明顯，周邊的人知道的就會盡量配合，但都會加個但書，不要一直嘮叨，我們都知道你的自我原則很重要，但也請尊重我們有耳根清靜的權利喔！

狀況二 心頭小鹿亂撞時

處女座是個追求完美、不能忍受半點不完美的完美主義者，所以要被愛挑剔且條件又多又苛的他喜歡上，還真是天要下紅雨，算是大新聞啊！一旦被喜歡上，處女座低調、多顧慮的個性，會讓情人頗有委屈之感，談個戀愛怎麼像搞地下情？

或許大家也該體諒處女座，畢竟他要找到主觀上對的對象，進而投入一段從心理上完全認同的感情，真是不容易。他必須一個人默默的喜歡對方、觀察對方、挑剔對方到確認無誤，這段過程肯定相當煎熬又冗長，彷彿一雙隱藏者的天眼般，更像還沒戀愛之前進行的痛苦單戀。最常出現的狀況就是最後準情人被別人搶走。處女座是不是應該改變做法，快速決策？然而這莽撞的做事風格絕非處女座的風格，還是免了。

狀況三 愛神的箭射中紅心時

完美主義的處女座走的是理想路線的理想咖，喜歡在事情發端的剎那，開始做好一切設定與規劃，當然這也包括戀愛。其實這樣不是很理想，因為兩個人雖然在談戀愛，但畢竟是兩個獨立的個體，可以要默契、互相體諒、互相配合，但沒有誰有權力要另一個人照著你的劇本演，真的沒有人願意被如此控制支配。

或許在戀愛之初，情人會被你的周到設想所感動，也很能領受你的用心良苦，自然願意全力配合。但時間一久，情人就會發現所有的體貼細心只是強大控制欲的包裝，根本就是糖衣毒藥。一旦有所體悟，處女座一切苦心勢必付諸東流，換來兩個人的傷心。在此奉勸處女座，不要為愛情裡的所有作為加上太多目的、條件、想像與解釋，請相信愛情其實是可以很單純的美好，愛就對了。

有緣相愛就要好好珍惜，既然用心選擇你的愛，也要用心證明你愛你的選擇，而且願意長久經營下去。

狀況四 處女座的甜言蜜語

處女座追求完美，不分自己還是情人，要求都是一致的嚴格。在凡事都要無可挑剔的前提下，戀愛中的激情很難成立也無法行動，因此與處女座談情說愛必須忍受低激情、無親密的特殊狀況。這對於某些渴慕戀愛激情歡愉的情人而言，真的相當難熬。

若說處女座完全不解風情也太嚴重了，只能說他的熱情很理性，必須在有規範且不破社會觀感的範疇內進行，比較文學一點說法就是細水長流的恬淡之愛。除了激情不夠之外，處女座算是稱職的情人，有足夠的關心、周到的設想與細膩的作為，如果情人夠細心就會覺得自己是有人照顧呵護的幸福人。

提醒處女座，愛情是需要熱情與激情燃燒才能夠久，所以眼睛還是放亮一點，該FUN一點時就FUN一點吧。

狀況五 處女座放閃曬恩愛

待人處事含蓄的處女座，不可能到處牽著情人去曬恩愛，這不是他的作風。寧可默默付出，以細心、體貼、周到贏得情人的心。萬一處女座碰上熱情如火的外向情人，極可能會一整個招架不住，對方也會對處女座打不著的熱情感到困惑。如果對方是你認定的一生所愛，奉勸處女座試著去理解情人所好，給他最需要的感情慰藉——要激情給激情、要放閃就去放閃。為了真愛，總得做點改變、多點配合，不是嗎？這樣做不是沒自信，而是處女座對自己有信心，願意為愛微調自己的表現，創造更多想像空間，以追求幸福的未來。

雙方都有意願為愛微調自己，就是一種相知相惜，是愛情中很重要的學習成長歷程，過了這一關，感情升級走得更遠，修成正果的機率大增喔！

狀況六 愛人鬥嘴鬥氣時

處女座向來給人溫和、細心的印象，但是得罪他應該也是吃不完兜著走。因為他有點小記恨，會以超強的記憶力把你得罪他、對不起他的點點滴滴都輸入存檔，當兩人真正面對面槓上時，處女座絕對可以從容**舉證**你的罪狀，讓你難以翻身。可說是徹底推翻之前的溫和形象，變成伶牙俐齒要你俯首認罪的王牌大律師。

處女座這一套會不會用在感情上？最好是不要，情人吵架最忌諱翻舊帳，一旦如此舉證罪狀，情人一定會懷疑你到底有沒有愛過我？所以在愛情的領域裡，記性不用太好，邏輯也無須太要求，一點小迷糊可以讓愛情好過很多，開口多說讚美的話，意見不一致時多多說好話溝通，感情真的會比較容易維繫。

Q 當超瞎小三現身攪局時

處女座談戀愛不怕小三現身，反正兵來將擋，水來土掩，來者不善，善者不來。既然來了就要面對，但不是潑婦罵街、捉姦在床的那種不堪面對，而是勇敢查證事情真假，若真有其事就要找出小三介入的原因，以及該如何解決這件事情。記住，千萬不能先動氣，那就輸了！而且要修理別人前絕對會先檢討自己，必定有做得不好的地方，才會讓人有隙可趁。這就是處女座的作風。

處女座通常會先弄清現實狀況，仔細考量三角習題的最佳解法，如果小三（或小王）確實比自己更適合情人，讓位也無所謂；如果他們根本是來攪局的爛咖，沒有理由讓他們得逞，自然要勇於捍衛自己的感情。不論做了哪一種決定，處女座都會忠於自己的抉擇。情人若選擇歸隊，日後皮要繃緊一點，因為有過不忠實的案底可是會被處女座記帳在心，若是再犯就要掃地出門，永世不許再出現眼前。

處女座情人的分手眉角

分手不難，處女座對愛情走到盡頭的無奈是接受的，所以該分手時就分手吧，與其拖泥帶水不如阿莎力一點，長痛不如短痛，放了彼此也是種解脫。聽起來好像很無情，但處女座凡事都經過仔細的分析，無情也罷有情又如何？結果還不是一樣？不是你想挽回就挽回得了，不是嗎？多說無益，倒不如爽快點分了吧。這個決定做下去真的很痛，但至少大家還能保留點最後的好印象。

只要處女座做出決策，一切就塵埃落定，再無轉圜餘地，就算天王老子來說情也是枉然，反正就是心意已決，愛卿無須多言。所以和處女座情人吵架鬧彆扭，千萬不要動不動就提分手！萬一他真上了心，進入全面評估而且還覺得可行，這樣對雙方都好的話，那你麻煩大了！很可能處女座就會向你提出分手要求，心意堅定，不管你怎麼哀求都無法改變此一結果，連補救、解釋、安撫的空間都沒有，到時真的後悔莫及。

面對處女座情人不要輕易說出分手的話，也不要隨口做出承諾，因為他對感情的事和對工作、事業一樣認真，會往心裡去認真評估、判斷。一旦發現你是隨便說說，甚至是騙他的，這絕對是犯了處女座忠誠不欺騙的忌諱，情人篤定是做不下去了。所以切記，不只分手不能亂講，就連任何承諾都要小小心心開支票，以免穿幫，下台一鞠躬。

每對戀人都希望感情能有美好的結果，分手絕對不是選項之一。所以當分手變成兩人最後對話的主題時，希望大家都能冷靜理性地面對，探究出感情走不下去的原因，別讓它再毀了下一段感情。共勉之。

Q 處女座失戀的獨門解藥

失戀很難熬，要走出來真的不容易。處女座不怕面對失戀，他絕對有自我療傷、復原的能力，只是要先想辦法接受失戀的事實，才有可能靜下心來療傷止痛。

確實，處女座真是非常優秀的情人，外型好、條件好、能力好，但也因為這三好讓自己困在失戀的死胡同裡走不出來。所以戀愛需要激情，失戀需要智慧，有智慧就知道該設停損點，讓自己不要傷心太過，早點修復破碎的心，重拾感情新生活。

處女座是聰明人，懂得在失戀中記取教訓，待事過境遷之後就能理性面對，開始檢討做報告，找出失敗的原因以及自己的缺失，加以補強改進。所以失戀雖然痛苦，但是處女座會從失戀中得到正面的能量，向更完美的幸福邁進。

建議處女座，很多痛苦不需要往肚子吞，朋友是幹什麼用的？就是在失戀時給你肩膀靠、給你手帕拭淚、陪你數落，幫你把胸中的壓力與垃圾清乾淨，凡事不要鬱積心中，苦了自己，也讓親朋好友陪著擔心，何苦呢？記得要多加利用朋友這條管道來紓解失戀之苦，肯定有益身心靈健康，讓人生的陽光開朗再現。

失戀是戀愛人生的必經洗禮，失戀本身一點都不可怕，可怕的是失戀就自怨自艾，走不出失戀陰影那才可怕。感情的事勉強不來，不愛了就是不愛了，何苦鑽牛角尖傷害自己呢？好聚好散說穿了就是放了對方，也是放了自己，唯有如此才能重新站起來，新的感情才有機會登場，不是嗎？

處女座的戀愛 TIPS

優雅能幹的處女座，似乎人生永遠處於太過完美的狀態，天天都謹慎小心地生活，連談情說愛都思慮周詳，謹慎以對，絲毫沒有甜蜜激情，旁人看了都覺得辛苦，懷疑條件這麼好的人為什好像完全零自信？倒是他自己不以為苦，完全沒察覺到自己隱藏在完美面具之下的憂心與不安。

當處女座的情人也輕鬆不到哪兒去，因為處女座最在意的是兩人走出去是否登對般配，對於約會的每個細節都很挑剔，往往讓情人的約會心情一路下降到冰點，完全失去愛與熱情。

建議處女座，談戀愛是一件美好又神奇的事情，浪漫中感受甜蜜，激情中看見天堂！如果你只想在浪漫中建立SOP，在激情中挑剔細節，肯定會扼殺愛情中最棒的那個部分。所以，記得在約會談戀愛的時候，把你的謹慎小心鎖在家裡別帶出來，試著當個小迷糊，讓情人引導你看見不一樣的世界，把一切傷腦筋的事情丟給情人去處理，你會發現原來愛情如此美好，絕對值得你高呼幸福、大曬恩愛，完全不需要低調隱藏，真的。

Q 處女座適合當「不婚族」嗎？

處女座是愛家咖，喜歡留在家裡做喜愛的事，就覺得自己超幸福的。所以很希望有一個自己的家，因此處女座絕對不會選擇不婚，一定會努力追求理想的完美伴侶，把成家當作一生中最有成就的事業來操作。

可是處女座這麼多眉角又愛挑剔，要找看對眼的對象談何容易？但這並不表示處女座不想成家、不努力找對象，只能說要找到適合成家的對象有點難度而已。或許處女座應該在不影響寧缺勿濫的大原則下，適度的放寬條件，讓更多有心人入目，這樣配對成功的機率就會大大提高。如果還是不願妥協，也只能說其實一個人的日子也不算太壞囉。

不過話說回來，婚姻也不是愛情的終極保證，因為婚姻裡需要更多的包容與信任，如果處女座放寬擇偶的條件，很可能在日後才發現彼此還是不太MATCH，這樣就累了。所以處女座還是尊重自己的心，自信地做出智慧選擇，不要為了脫離單身而降格以求，釀成、後患而不自知。

抉擇關頭，處女座選愛情還是顧麵包？

土象的處女座是深思熟慮、對未來想得透徹的人，做任何事都有計畫，絕不輕易涉險。因此在感情上不會被浪漫沖昏頭，更不會被綿綿情話所引誘，因為生活是現實的，好好活下去才是重點。

儘管很多人談戀愛是浪漫優先，現實第二，可是處女座絕對是先顧生活，再搞浪漫。畢竟餓肚子的浪漫是愛情的死胡同，而品質可靠的生活才有可能讓愛情幸福走下去。只是少了浪漫愛情滋潤的物質生活，會不會太無趣，變得不值得活呢？這還是要看處女座自己的抉擇。不過凡事力求完美的他，應該會努力讓自己愛情與麵包兼顧。

處女座的愛情續航秘笈

處女座因為很重視形象又追求完美，所以總給人絕佳的第一印象，對談戀愛而言絕對是利多。可是當愛情剛擦出一點火花，處女座一個接一個開出來的條件與標準，往往讓準情人一整個驚嚇到，深深感到自己不可能達到處女座的要求與標準，最後不了了之收場。

愛情要有美好的開始才有甜美的過程，未來才值得期待，不要一開頭就把水平拉得高高的，這樣愛的故事難以展開喔。

現在是外貌當道的時代，注重外表完美、能力又強棒的處女座完全符合時代要求，非常吃香。建議處女座此刻不是趁勢把挑情人的條件再往上拉，反而應該充滿自信地順勢放寬，為自己創造更多機會，找到更優秀的對象。

Chapter 07
天秤座
Libra

愛情亮燈指數

天秤座 ★ 牡羊座	75	♥♥♡♡
天秤座 ★ 金牛座	70	♥♥♡♡
天秤座 ★ 雙子座	90	♥♥♥♥
天秤座 ★ 巨蟹座	65	♥♡♡♡
天秤座 ★ 獅子座	85	♥♥♥♡
天秤座 ★ 處女座	75	♥♥♡♡
天秤座 ★ 天秤座	75	♥♥♡♡
天秤座 ★ 天蠍座	60	♥♡♡♡
天秤座 ★ 射手座	90	♥♥♥♥
天秤座 ★ 魔羯座	80	♥♥♥♡
天秤座 ★ 水瓶座	85	♥♥♥♡
天秤座 ★ 雙魚座	75	♥♥♡♡

天秤座的愛情

Q 如何敲開天秤座的愛情之門？

身得老天爺專寵的小秤子，天生就有無與倫比的愛情吸引力，其他星座真的不要再抱怨了，這世界本來就不公平，不論多羨慕、多嫉妒都沒用，不如想開點吧！

小秤子坐擁吸引力破表的先天優勢，後天又是個特別重視**外表**，講究氣韻優雅，外顯風華，不論走質樸路線或是高貴路線均屬上乘。因為自身條件優異，小秤子當然想找和自己水準與內外在般配的對象，唯有達到心中設定的那個標準值，才不會站出去讓人眼睛看了失禮。所以小秤子在愛情大選裡，可謂是「先天優勢占盡，後天努力帶勁」，表現自然領先群倫，傲視同儕，在情場上就像一塊吸鐵，存在感強烈，讓人情不自禁靠過來。

不過小秤子在愛情裡有個要命的罩門，那就是不會拒絕。怎麼會這樣？沒辦法，小秤子說穿了就是一桿天秤，左右搖擺實屬常態，唯有在搖擺動態中才能找到微妙的平衡。所以小秤子總是在考慮中，搖搖擺擺地無法給你明確的答案，常常惹人誤會，演變成不好意思說不，若剛好對方是異性，保證會引起大不悅。所以奉勸小秤子，還是趕快學著明確說NO，不僅可以有效減少誤會，還可以省卻很多當濫好人的煩惱，最棒的還是能夠給情人百分之百的安全感，鞏固愛情大大有功喔！

小秤子的星座意象就是一雙一對，隱喻著不喜歡孤獨，最好是能找到一塊快樂和諧、平衡共處的對象，一起互補、互動最有趣。憑著小秤子的聰慧靈巧與善體人意，必定是個能為另一半分憂解勞、破解煩惱謎團的最佳心靈伴侶。

儘管不愛孤獨，喜愛出雙入對的群體生活，但小秤子的性格基本上仍是獨立的，就像天秤中間那根筆直的柱子，不偏不倚，謀求內心與外在的絕對中立，不喜歡麻煩別人，自然也不愛別人來麻煩自己。即使兩端拉扯擺盪，小秤子也能夠力求內心平衡，不受外在影響。現在重點來了，平衡。小秤子雖然不會去麻煩別人，但會去計算另一半在各項對待上，是否如同自己一般均衡付出？如果不是，小秤子就會很不平衡。

愛情裡的小秤子，喜歡跟著感覺走，不過對尊重二字仍是靈敏至極，所以小秤子不會冒失地去刺探情人的私領域，同樣地，他也不希望情人貿然闖進自己的私領域，大家互相尊重，保留隱私，平等相待，不是很好嗎？

Q 愛情EQ有距離就舒服了

心中有座天秤的小秤子，不論男女都很重視理性，講究對等付出。遇事都會放在心中的天秤上加以衡量是否平衡？符合標準，表現於外自然一切如常；不符合標準，就會有點不安與情緒。所以和小秤子交往，要注意平衡與對等，這樣才會始終處在優雅的美好時光中。

溫柔的小秤子，一看就知道是很會照顧人的星座，左右很能應付，用皆大歡喜，大家滿意來形容，絕對不為過。尤其對情人，小秤子更是體貼入微，處處著想。只是小秤子對每個人都照顧得太周到，大家幾乎都視為理所當然，完全無人聞問小秤子的感受，因此情緒難免跌宕，著實苦了自己。

或許應該給小秤子一點忠告，跟大家尤其是情人保持一個舒服的距離，自己不要雞婆太超過，以致「人太親則無禮」，也為自己保留一個喘息的安全空間。這樣就不會讓自己心裡的天秤，為了他人的不知對等付出而老是搖搖擺擺不平衡。

還有一點，就是不要為了維持表面的和諧，把該說的話嚥回去不說，這等於把溝通的機會拉掉，為日後更大的衝突埋下引線，不是好態度。

Q 喜歡，就不斷加碼上去。

小秤子的思維模式十分天秤，就連愛情也一樣。我愛你幾分，你也要在天秤的這一端放上幾分真愛，這樣兩邊平衡才行，我們的愛情才臻於完美。如果沒有照小秤子熟悉的天秤模式演繹，就會變得難以解讀，出現搖擺不平衡的狀況，萬一擺盪超過容忍限度，小秤子就會情緒大爆發，難以收場。

所以和小秤子談戀愛，一定要把握善的循環，你努力付出真愛，他一定會將真愛等值甚至加碼回報。雙方真愛不斷加碼，自然容易修成正果成就一段完美姻緣。

或許有的星座覺得真愛是不求回報的，小秤子這樣要求平等付出時，會不會有太過現實的嫌疑？不了解小秤子的人可能會有此誤解，誤把平等解讀成為要求對方也要等值回報。但了解小秤子的人就知道，平等付出的重點在於互相尊重，唯有彼此尊重才可能發自真心的對情人好，真正的幸福才會來敲兩人的心門。

善良又好心的小秤子，對身邊每個人都貼心照顧，人緣從來不是問題，反倒是情人必須看清此一事實，不要有與眾人爭寵的罣礙，只要真心一意地愛小秤子就是呵護愛情的最佳作法喔！

Q 愛情狀況題

狀況一 天秤座的寂寞耐受指數

人緣滿分的小秤子從來不無聊，就算一個人也有滿腦子創意玩不完，樂得很，哪有時間埋怨老天放自己孤單一人啊！儘管一個人過得很爽，但一桿天秤總不能只有一根柱子杵在那兒，沒有感情生活的人生一點也不平衡，所以兩邊總要放上感情，人生才會圓滿不是嗎？

於是小秤子開始尋求平衡人生的感情生活，憑藉小秤子的內外兼美的溫和優雅，要找到適合的情人真的不難，而且在感情的積極滋潤下，小秤子益發熱愛裝扮門面，整個人光彩耀眼，引人側目。有眼睛的人都知道：小秤子戀愛了。

小秤子一個人也過得豐富多姿，與情人談戀愛是為了讓人生了無缺憾，所以一個人也好，兩個人也罷，小秤子都能順勢而為，自得其樂且樂在其中。

對於和小秤子談戀愛的朋友，倘若你是個喜歡兩人世界，不愛不速之客圍繞身邊瓜分你的情人，或者你總是懷疑這些找上門的友人每個都不單純……。奉勸你還是趕緊另覓愛人，因為小秤子不會因為情人而戒掉朋友之愛，真的。

狀況二 心頭小鹿亂撞時

小秤子因為愛情吸引力渾然天成，在愛情裡無師自通，很懂得展現自己的優勢，立馬就能贏得注意，得到心上人的青睞。因此暗戀是什麼？單相思又是什麼？他完全無法領會。

開始一段感情對小秤子來說不是難事，小鹿亂撞的瞬間勝負立判，情人呼之欲出，完全不費功夫。但是小秤子的難題與報應在後面，因為對每個人都很友善貼心，所以有時會碰到傻傻純情人，以為小秤子對自己放電而被煞到。偏偏小秤子又是個不會拒絕、不善於講白的人，往往讓這種誤會觸及到正宮情人，引發軒然大波，這才是小秤子心動之後要不斷處理的出槌狀況。至於該如何善後？小秤子啊，建議你對待人應該要有親疏遠近，這樣情人才分別得出你對他的重視，感情也才不會因誤會而BYE BYE。

吸引力滿分的小秤子有很強的直覺，在愛情邂逅裡如魚得水。但感情是持續的，所以相處與了解才是攜手走下去的重頭戲，當直覺發功的同時，記得趕快把理性思考放在天秤另一端平衡一下喔。

狀況三 愛神的箭射中紅心時

小秤子是紳士與淑女的總和，對於心儀的對象總是盡力照拂，讓人如沐春風，有被呵護寵愛的幸福感。但是小秤子的天秤特質，又會在邱比特的箭射中紅心時，開始左右擺盪，想東想西想一拖拉庫，慌了手腳不知如何平衡。哎呀，想那麼多幹嘛！讓你動心的有情人就在面前，你的天然吸引力就會自動運作來迷死人，所以千萬不要心存猶豫，只要像平常那樣做，你就會得到一份明明白白的真摯之愛。

記住，愛情是兩顆心充分溝通之後的決定，所以不要只是自己在那邊想，要付諸行動、有付出才會有收穫。如果中途退縮，對方也會當作誤會一場，一段姻緣就會無疾而終。

狀況四 天秤座的甜言蜜語

小秤子那張嘴，總能誠懇地說出令人開心的體貼言語，再搭配他獨門的優雅舉止，完全能夠收服任何有情人的心，一整個願意在未來和你窩在一起，共享永恆的甜蜜心事。小秤子就是擁有得天獨厚的吸引力，在愛情中無往不利，占盡優勢卻又令人難以討厭，超可惡的。

對愛情得心應手的小秤子，是先天優秀，後天有修的絕佳愛情驕子，只要品行厚道不是花花公子，就不會遭到太過分的報應。建議得到夢中情人青睞之後，也要時時以最具天秤魅力的甜言蜜語，好好為感情加溫，以收蜜裡調油之恩愛效果。

狀況五 天秤座放閃曬恩愛

小秤子對愛情是十分真誠的，始終以公平、對等、不隱藏的態度來承諾愛人。當然，基於天秤的特性，愛人也必須等值付出，才能與小秤子一起走下去。這是遊戲規則，不要試圖做無謂的改變。

可是，小秤子你可曾想過，每個人表達愛情的方式不盡相同，有得外顯熱情、有的內斂隱諱、有的反向操作、有的包藏禍心，並不是每個情人的表達方式都和你一樣，或是以你看得懂的方式呈現。所以有時候小秤子也會誤判形勢，對於愛人的真情視而不見，或是解讀不到，因此誤會人家沒有等值付出。這對情人而言真是冤啊！在此奉勸小秤子，在談情說愛時應該先多多認識對方，在你要把自己的遊戲規矩搬出來前，務必根據對情人性格的了解加以修正，才能讓兩情相悅，天長地久。

愛情，是一段由陌生到相識，由相識到相知，由相知到相許的美好歷程，每一秒都在變化，每個變化都神奇甜蜜偶有苦澀，記得要細細品味，才能對彼此的愛有更深刻的認識，也才會更加珍惜彼此的相信相依。就算之後遇到再多的爭執與衝突，都能以愛為基礎好好溝通，向完美的幸福人生邁進。

狀況六 愛人鬥嘴鬥氣時

小秤子是講求理性、很講道理的人，面對爭執也希望在激動中求得平衡，找出解決爭議之道，讓一切紛爭在和諧圓滿中落幕。不過慢條斯理的優雅小秤子，在感情上若是碰到急躁的情人，可能會演出秀才遇到兵的鬧劇，搞得難以對話。因此，小秤子要努力學習快速找到與不同情人對話的正確模式，而非只有自己一種節拍，這樣絕對是不夠的。

即使優雅如小秤子，在與情人吵架時也能脫口說出不OK的話語，所以這真的要靠愛與修養，才能在爭執中以不傷感情的溝通方式解決異議，包容情人的不同想法，讓吵架變成增進彼此意見交流的另類模式，而非愈吵愈兇，終致黯然分手收場。

總之，任何情人間的鬥嘴、鬥氣，讚美永遠是最佳解決之鑰，等對方氣頭過了再來溝通、規勸，才能收到不傷感情的最佳效果。

Q 當超瞎小三現身攪局時

小三闖入小秤子的世界，當然會讓心中的天秤亂七八糟地擺盪！亂的原因不是意亂情迷，而是小秤子自問自答的自我衡量機制開始運作，他的重點是為什麼會發生？現在到底該退出，還是奮戰？

這時小秤子心裡的天秤一定跟翹翹板一樣晃得厲害，苦思自己到底是演哪一齣？事情究竟該如何好生收場？畢竟小秤子是重感情、對愛還滿執著的人，當小三或小王現身時，他最痛苦的就是要逼自己回答：我還愛對方還是不愛了？如果已經不愛了，為什麼還會有心痛的感覺？我到底是怎麼了？如果捫心自問還是愛對方，奉勸小秤子別再徬徨，趕快想辦法挽回真愛吧！不論是哪一種情形，小秤子都還不錯，能夠勇敢面對、處理，理性接受結果。

小秤子外表的華美煥發程度，就是他感情是否順遂的指標。當他風采逼人、氣韻橫生時，必定愛在春風裡。如果小秤心不在焉，俊帥美麗的外型有點掉漆，雖然嘴巴上不承認，但包準在感情上碰到問題，不僅不太順還可能有危機，自然無暇妝點門面。

Q 天秤座情人的分手眉角

小秤子是個溫和又有風度的人，因此碰到緣盡情了時，往往很不忍心說出分手二字。尤其想分手的人若是自己，自覺有虧於情人又對自己完美的形象有損，那更是嘴巴上打了十八斤的鎖，著實難以啟齒，但感情又真的無以為繼。唉，還真是折磨人。

奉勸小秤子，當愛已成往事，未來不可能有前情人的位置時，早開口比晚開口殺傷力小很多。記得找個適當的場所、平靜的氛圍，和即將變成前情人的他好好坐下來談，誠實為最上策，不要有所吞吐隱瞞，雙方一起努力面對情已逝的事實，協調出一個兩人都不至於太難過的平衡點，然後各自放生吧。

當然也可能碰到的情況是對方想分手，這對小秤子絕對是大大的打臉。想我小秤子一表人才、美麗非凡，情人怎麼會想不開要離開我？一定是搞錯了，這事絕對不可能發生的。小秤子，有情人相愛只有一個理由，但分手卻有一千種理由。不管你信不信，不愛了就是不愛了，不要再做困獸之鬥，放了自己也放了前情人吧。或許是愛神要你好好反省檢討，才能迎接下一段更棒的愛情也說不定。

Q 天秤座失戀的獨門解藥

萬人迷小秤子談戀愛時，雖然嘴巴不說，但整個人光彩奪目到太陽一樣的程度，讓人以目測即可知道他談戀愛了。那失戀呢？有沒有搞錯條件超優的，小秤子也會失戀？很多人都不相信外表充滿吸引力，個性也相當討喜的溫和情人，怎麼也會鬧失戀？

其實在愛情裡沒有人有失戀免疫力，小秤子也不例外。失戀的小秤子就像不平衡的天秤，情緒擺盪起伏、體型走山崩潰、生活一塌糊塗，徹底陷入無法自我控制的狀況，看起來超慘的。

奉勸小秤子，人生很長，每個人都會碰上失戀的考驗，唯有挺過去才能對愛情重時信心，再次找到真愛。千萬不要因為失戀而讓自己的小宇宙瓦解，不值得啊！你不該死盯著失戀二字，應該趕緊轉移注意力，說不定新的可人兒就在燈火闌珊處等你。如果暫時不想談感情，才華洋溢的小秤子也能從興趣中找到自己的天堂，重新啟動生活。總之要為失戀停損，好聚好散，對彼此都仁慈，嶄新的未來才能早日展開，你一定辦得到。

天秤座的戀愛 TIPS

熱戀中的小秤子請務必記得，對情人的規格一定要高於友人，而且差別要達到肉眼可辨識程度。這對好人緣的小秤子來說可能有點為難，可是不行也得行，否則情人非找你算帳不可。因為熱戀的情人眼中容不得閒雜人等來瓜分小秤子。

可是剛開始戀愛時，情人並不會這樣啊！剛談戀愛時雙方都處於愈看愈有趣的狀態，情人自然對人緣好到破表的小秤子投以景仰的眼光，甚至感到與有榮焉。但是隨著兩人交往日深，情人就會介意友人瓜分太多親密時光，尤其那些異性知交更應嚴加管制。小秤子自己也該節制一點，以免打翻醋罈子自找苦吃。

提醒小秤子，愛情的世界裡太理智地和情人討論、甚至滔滔不絕地辯論，還要放在天秤上均衡一下，是很瞎的。因為愛本來就不理智，也無法客觀衡量，所以感情的事就用感情來浪漫溝通、優雅解決，多留點耐心與愛心，同時趕快讓理智與口才先去度假吧。

Q 天秤座適合當「不婚族」嗎？

以小秤子優雅出凡的條件，要一個人孤單過不婚日子似乎有點孤芳自賞。不過換個角度來想，小秤子人緣堪誇，朋友一大堆，就算沒有另一半作伴，日子也一樣熱鬧有趣，好像不婚也沒啥損失。

若以情人的標準來看，小秤子絕對是合格以上的優質情人，不走入婚姻和情人共享一生幸福，實在說不過去。只是婚姻是一輩子的情關考驗，必須兩人同心解題，互相尊重，溫柔對答，才能得到美滿的答案。

在婚姻裡，小秤子講求凡事公平對等，彼此尊重，不輕易碰觸或涉及另一半的私領域，以保有自我的隱私。這樣兩人才能保有舒服的距離，分享愉快的兩人世界，讓婚姻之路走的更長。不過以上私領域的寬容，不包括雜亂的房間、不優雅的生活習慣、吵鬧的家居生活，這些可是會讓小秤子大翻臉的。所以小秤子的配偶請牢記在心。

Q 抉擇關頭，天秤座選愛情還是顧麵包？

凡事講求公平、對等與平衡的小秤子，在愛情與麵包的選擇題裡，仍是一貫的求取平衡點。因為兩者一樣重要，少了麵包的愛情死路一條，少了愛情的麵包又索然無味，只有充滿愛情的麵包才是最理想、最值得享受的人生。

小秤子因為自身不善於拒絕說不，所以常會遇到異性好友在身邊環繞不散的狀況。情人看到當然生氣，自然會下驅逐令，所以小秤子自己讓異性知己速速退散，總比情人看了拂袖而去，讓你開始啃沒有愛情的麵包來得好吧！奉勸小秤子，有了情人之後，就要和異性知己保持安全距離，是比較聰明、平衡且優雅的做法。

Q 天秤座的愛情續航祕笈

開趴聚會時，即使大家都是初見面，小秤子就像一塊會發光的玉石，總能在人群之中以優雅的外型，有禮的口才，自然而然散發出讓人想親近的溫和吸引力，這是他最棒的特質，也是愛情中最令情人著迷的魅力所在。和小秤子初次接觸，你會發現他很擅長給彼此一個舒適安全的距離，非常體貼。這一招很快就能讓可人兒感受到他所釋出善意，進而對他青睞以待，一旦對眼之後很快就發展出令人稱羨的美好愛情。

但奉勸小秤子，這招只可對有情人施展，一旦戀愛成就就要趕緊收山，不可再對他人放電，因為情人眼裡容不下他人接收你的眼神！萬一積習不改，不只自己會被搞死，情人也會飽受折磨，而且難免造成戀愛意外事件，說不定冒出亂收電波的小三或小王，讓事情變複雜了。如果好死不死意外發生了，記住千萬要耐住性子以愛包容情人的大鳴大放、大哭大鬧，等他發洩完一切不滿的情緒後，再以溫柔明確的言語，好好說明（別耍嘴皮）事情發生的原委，是誤會就講清楚，讓情人相信完全沒有人能改變他的正宮地位。

想要在愛情路上走的平衡穩當，不偏不倚，身心永保水平，小秤子就要盡量把自己的優點放大，包括外表的吸引力、優雅的自信、溫和有禮的態度，以及無與倫比的體貼，讓情人完全臣服於你的魅力，心甘情願與你攜手勇闖愛情大道。

Chapter 08
天蠍座
Scorpio

愛情亮燈指數

天蠍座 ★ 牡羊座	70	♥♥♡♡
天蠍座 ★ 金牛座	80	♥♥♥♡
天蠍座 ★ 雙子座	75	♥♥♡♡
天蠍座 ★ 巨蟹座	95	♥♥♥♥
天蠍座 ★ 獅子座	70	♥♥♡♡
天蠍座 ★ 處女座	85	♥♥♥♡
天蠍座 ★ 天秤座	75	♥♥♡♡
天蠍座 ★ 天蠍座	80	♥♥♥♡
天蠍座 ★ 射手座	75	♥♥♡♡
天蠍座 ★ 魔羯座	80	♥♥♥♡
天蠍座 ★ 水瓶座	75	♥♥♡♡
天蠍座 ★ 雙魚座	90	♥♥♥♥

天蠍座的愛情

Q 如何敲開天蠍座的愛情之門？

小蠍子常給人一種神祕不可測的謎樣色彩，他可以輕而易舉地看透別人最深層的祕密，但外人卻很難窺見小蠍子生活與內心的真實樣貌。小蠍子自己呢？當然很樂於做個神祕人物，讓社會大眾對他的一舉一動充滿好奇與猜測，但那些想刺探他一切行蹤與空間的人，注定是白忙一場。

神祕的小蠍子擅長在愛情裡掌控主導權，無論如何都不甘心被人束縛，即使是以愛之名也不行。總之主宰的鞭子一定要在他的手上，因為愛所以要主宰你。當愛情剛冒出火花時，情人往往會被小蠍子的體貼與順從所迷惑，誤認為這隻小蠍子和別的蠍子不一樣，其實情人早就在小蠍子的情網迷陣裡有了位置，當愛情還不夠牢固時，就以溫柔的細絲引導你接受安排，等愛情夠牢固時，鞭子就可以拿出來揮了。要知道小蠍子對於細絲與鞭子的出場時機拿捏精準，因為他對愛情的敏銳度超乎常人，沒有情人能夠超越他、束縛他、不受他主宰。

小蠍子厲害之處還不止一項，他對愛情敏銳的程度超乎你的想像，完全能夠偵知你是否對他有愛的火花，即使只是電光火石的一閃，他都感應得到。可是有的人會舉手反對，因為他對小蠍子頻頻放電，為何對方都好像不知道。其實小蠍子都清楚，只是要不要回應或採取行動，主導權在他手中。當你猴急的發問時，就表示小蠍子已經在無形中主導你的情感了，厲害吧！

小蠍子敏銳的不止是愛情感應，他的直覺也超級精準，如果你的老闆、主管是天蠍座，記住——千萬不要想耍花招、玩把戲，他們絕對清楚明白你那可憐的小動作想搞些什麼，而且能夠快速分辨這個行為對他有殺傷力還是無害。如果會對他有影響，不管你的力量有多不成氣候，他都會立刻對你斬草除根，以免危及到他的利益與地位。這就是蠍子的天性，一發現敵人就會回頭立刻一螫，全憑直覺，絕不後悔，更不放過。

通常小蠍子在神祕、操控與強烈直覺的背後，有著難以言喻的執著力量，通常他對一項事物或一個人物——當然也包括愛情產生興趣時，就會發揮超乎尋常的高度執著精神，渾身對之充滿興趣。簡單說，外表耍酷擺冷的小蠍子其實有著熱度破表的熾熱之心，隨時準備為愛赴湯蹈火，任何驚人之舉都不奇怪，即使犧牲也無所謂。

所以被小蠍子愛上了，那是你的福氣，大量的熱情伴隨著強烈的占有欲，讓愛情來了的甜蜜感明顯到不容忽視。小蠍子自己是完全沉醉其中，情人感覺如何呢？不重要，全在小蠍子掌控之中。不過如果情人感覺到害怕，不想再被束縛、操控，急著想脫身時，小蠍子很可能會解讀成背叛——我對你那麼好，你為什麼想逃？不可原諒，我一定會讓你很難好過下去。

好像講得太陰沉了。其實也沒那麼恐怖，當小蠍子煞到你時，若你也可以接受他的性格與特質，何不好好享受兩人的美好愛情，幹嘛要和他鬥法？反正你也鬥不過他，不如把心思拿來愛對方比較實在。

Q 愛情EQ控管好才是好主子

小蠍子基本上不是陽光控，走的是陰沉路線，所以不管是與人相處，還是與情人相戀，沒有人會用開朗二字來形容他們之間的互動。至於愛情EQ，本來就不怎麼開朗的小蠍子，偏偏又是直覺強烈的神祕咖，其本身的情緒已經讓人難以捉摸，更別說在愛情的千變萬化中，要想解讀他的情緒變化，根本是為難大師。

其實小蠍子是把自己的情緒悄悄融入在平常之中，還會以此試探周邊的人是否能察覺。唉喲，你哪位啊？值得大家枕戈待旦地關注你隱密的微小情緒？不過若你的情人是小蠍子，這就是必修課，很難但一定要修過。第二門難修的必修課是熟悉小蠍子的占有欲模式，以此檢視自己日常與異性互動的行為是否逾越了標準，引發小蠍子大不悅，突然變得焦躁難安，後續行為可能更難以預測。

小蠍子在愛情裡仍是一貫居於主導地位，毋須控管自己的愛情EQ，但這樣對嗎？正因為你是主子，更應該控管好自己的愛情EQ，才不會讓後宮受累。最好讓自己的心情保持在平靜的狀態，凡事先查清楚再計較，別急著發作，事緩則圓，你和情人的關係也會和緩不少，至少不會像之前那樣天威難測。

喜歡，就一舉到手

小蠍子對於愛情是很有感的，而且表現是超級激烈的——尤其在占有欲上更是難以抑扼，可是不這樣小蠍子就沒有安全感，還真是傷腦筋。情人相戀是兩顆心的真情交流，並不是整個人歸你管轄，時時刻刻掌握他的行蹤，情人的壓力有多大，你可以想像嗎？剛開始視為甜蜜的象徵，後來卻變成愛的鎖鍊，束縛了情人更束縛了自己，這樣就能保證相愛永不分離嗎？搞不好就因為這樣，情人才會鬧分離呢！

更何況小蠍子並不會把自己的一切向情人輸誠告白，反而喜歡搞神祕，極度保護自己的隱私，這樣不對等的主子心態，實在令人不敢恭維。不過如果你已經被小蠍子煞到，要愛就好好的愛一場，盡情享受天蠍式呵護與寵愛，只要主子恩寵不輟，小主的好日子就沒有盡頭。

愛情狀況題

狀況一 天蠍座的寂寞耐受指數

面對已經產生好感、甚至喜歡的人，小蠍子經過觀察覺得已經勝券在握時，就會展開行動，雙方關係認定後更是熱烈投入、愛得轟轟烈烈。小蠍子不打沒把握的愛情仗，在喜歡的人還沒出現時，小蠍子一點也不心急，心情平穩地享受單身，而且還挺會安排自己的小日子。

很多人都說小蠍子很難搞，總是高高在上，你一旦起心動念，他就已經在前面等著出手整治你。所以大家和小蠍子作朋友、當同事，都是表面哈啦，心裡都嚴加戒備，小心應對。所以在大嘆真心好友難尋時，小蠍子不妨先想想，如何撤掉同輩的心防堡壘，建立群體和諧相處的良好關係。記得要撤掉別人的壘之前，記得必須先撤掉自己的心防堡壘。

狀況二 心頭小鹿亂撞時

當小蠍子發現喜歡的人時，通常會先按兵不動，守在一旁仔細觀察，儘管自己已經小鹿亂撞，小蠍子仍能HOLD住，直到確認已經對對方夠了解時，才會展開追愛行動。一切還沒被小蠍子掌控主導之前，所有的心意都要隱藏，行蹤都要保密，謹防被對方看穿。

被觀察的準情人也不是呆子，早就注意到有這號人物在哈自己，看起來不像癡漢浪女還挺有型的，也不會來騷擾自己，就靜觀其變吧。因為一開始印象不差，所以一旦發動攻勢，通常都能一舉攻占對方的心。

當雙方情侶關係確認，小蠍子的熱情就會一發不可收拾，請盡情享受吧！

狀況三 愛神的箭射中紅心時

小蠍子對情人是有規範的，一旦兩人心心相印，情人就有責任對小蠍子完全公開，包括家世、交友史、每日行蹤等等。愛我，就讓我完全清楚你人在哪兒、在做什麼、和誰在一起。

這是小蠍子一廂情願的看法，因為情人未必認同，更未必遵循配合，所以問題就來了。如果情人覺得不能接受，但可以為愛配合，只是不知能撐多久，這勉強算穩住；有的情人是完全不能接受，小蠍子可能因此抓狂，強烈表達出自己要求的合理性與決心，往往會嚇跑還沉浸在甜蜜夢幻裡的情人。

有事情好好溝通不行嗎？是小蠍子有要求，願不願意配合是情人的自由意志，不是你說得算。如果兩人還要繼續走下去，現在就開始學習溝通，運用智慧與真情，而不是以主子的權威來主導所有事情。

狀況四 天蠍座的甜言蜜語

小蠍子很善於愛的肢體語言，常會以愛的小動作昭告天下，你是我的，更以此顯示自己的愛有多深。不過這種親密暗示，是私人場合或兩人世界的限定版，一到親朋好友聚會就消失。為什麼？他是神祕咖，不想讓別人看穿自己的愛戀。

這點小怪癖無損於小蠍子對你的愛，所以就在私領域盡情享受他的殷勤與甜蜜。

狀況五 天蠍座放閃曬恩愛

小蠍子熱戀指數攀升時，占有欲指數也會隨之攀升。這是小蠍子戀愛的兩面刃，許多情人都在這裡受不了，趕緊逃之夭夭。或許小蠍子會辯解，這是愛對方的表現，自己是被誤解了。請問你有問過對方受不受得了？你有關注過情人的感受嗎？建議你不妨多多了解情人，以信任為前提來表達愛意，可能愛情會持久些。

小蠍子的愛情關鍵詞有三：心要忠實於他、行蹤要報備於他、舉止言行要符合規範（尤其和異性）。如此嚴厲的戀愛家規，要不是被愛煞到，是人應該都受不了。如果雙方還在意這段感情，趁早溝通三大家規，以免感情互信崩潰，分手近在眼前。

提醒小蠍子，戀愛的美好在於過程中雙方由愛而相知相惜、相互扶持，而不是占有與掌控。若想愛到天長地久，請平等對待你的情人。

狀況六 愛人鬥嘴鬥氣時

大家公認——小蠍子腦袋好、人聰明、思路精細縝密，這等優勢不只在工作上如此，就連和情人鬥嘴，也很少屈居下風。這樣會不會太認真？情人間鬥嘴有時只是無厘頭的情人亂亂吵，有必要這麼嚴謹好勝嗎？小蠍子的強烈個性逼得他凡事都要強，面子裡子一樣都不肯放手，所以情人想透過小鬥嘴來增加彼此的親密度，應該只會增加自己的挫敗感與自討無趣的怨恨。

在此奉勸小蠍子，你嘴巴上贏了情人又如何？這對親密關係毫無增進，而且爭過頭了還可能造成無法挽回的傷害，何必呢？冰凍三尺非一日之寒，平常就習於口舌上拿刀弄劍，傷了情人的自尊也不自覺。人家說不過你，也奈何不了你，只好選擇離開你。追問起原因，若講白了是因為你說話太傷人，小蠍子能接受嗎？與其後悔難堪，何不平時多修口德，以讚美取代批判，以溝通取代頤指氣使，讓情人好過，你也開心，不是嗎？

Q 當超瞎小三現身攪局時

小蠍子對談戀愛這件事算是有自信，但也算是沒自信，否則走到後面不會出現監控情節，雖然是個性使然，多少也和自信不足脫不了關係。

由於小蠍子對愛情真心投入的認真態度，一旦有小三或小王現身，絕對是「是可忍，孰不可忍」。儘管覺得這是不可思議的事情，但碰上了絕不示弱，更不會退讓，還會以極端強烈的手段宣示自己驅逐入侵者的決心。戰況慘烈？那還用說！

這麼強悍的小蠍子，萬一變成是他介入別人感情的小三或小王呢？抱歉，沒有同理心這件事。小蠍子會跟著愛的感覺走，只要是他認定的愛，不管世俗眼光如何批判，該我的就是我的，一定要到手。

至此還是忍不住要奉勸小蠍子，為愛向前衝是很棒的事，但如果你的目標是還未婚嫁的男女，那就前進吧！但如果是別人的配偶，千萬要摸著良心好好思考，別把自己的愛情建立在別人破碎的家庭上喔！

Q 天蠍座情人的分手眉角

關於分手，小蠍子想說的是……是你先有這個念頭吧？

不要懷疑，小蠍子的神祕傾向，讓他有解讀人心裡OS與念頭的天賦，即使念頭才剛冒出來、尚未成形，他都有辦法感應到，而且相當準確，不要不相信。小蠍子若在職場上運用此一天賦，往往能夠剷除異己，防患未然，平步青雲，是令同儕不寒而慄的對手。不過用在感情上，就會變成先發制人的可怕主子。

懷有分手異心的情人，小蠍子主觀認定你對他有所不滿，起初會不計形象竭力挽回。倘若對方去意堅定，沒有轉圜的空間，既然你無視我之前的真心付出，那小蠍子也就不客氣的變臉了。唉，曾經相愛的兩個人，何苦走到這一步？千萬不要讓小蠍子產生——我如此厚待於你，你卻一句話就簡單甩了我！這樣事情保證很難善了，甚至吃不了兜著走。

如果情勢逆轉，是小蠍子萌生分手意圖呢？身為愛情裡的主子，這場分手大秀自然都照著他的劇本演，眾愛卿不得有異議，當然也就不會有小主哭哭啼啼不願分手的場面出現。

Q 天蠍座失戀的獨門解藥

小蠍子的戀愛SOP：不信任→觀察→偵知→確認→投入→認真→真誠→監控。

每每走到熱戀階段，小蠍子投入百分之百的熱情，以無私的真誠全心投入，讓情人感到無與倫比的幸福。但因為投入太深，不安全感漸漸在小蠍子心中萌發，占有欲開始日益強烈，隨即對情人展開監控式熱愛。有些情人很享受前段的寵愛，但一到監控階段就受不了，想要抽身——就是分手啦。這就是小蠍子最怕的情形，不安全感就是應驗在這兒。

看到這裡，讀者（應該就是小蠍子和你的情人）應該看清楚這段因果關係，是占有欲與監控讓情人想逃，而非情人做了什麼不對的舉措。而占有欲的出現是小蠍子個性使然，與他人無關喔！還請小蠍子要自我控制才好。

面對失戀，小蠍子好強的個性是不會獨自垂淚太久，反而會積極找出失戀的原因去處理情緒與愛的缺失。檢討之後若發現其實錯在對方，「出來混的總是要還」的，不是嗎？小蠍子極具報復天分，報復＋報應等三天不算短、三年不算久，三十年也OK，「前情人」等著簽收吧！

在此奉勸小蠍子，聰明如你應該知道放下的道理，懂得放下執著就是放了自己也放了對方，雙方都可以從不完美的愛情中解脫，重新找到起點。失戀絕非大家樂見的終點，所以每對有情人請把好聚好散當作緣盡時的最後錦囊，默唸在心，有唸有保庇。

天蠍座的戀愛 TIPS

SCORPIO

占有欲太強勢是小蠍子最明顯的特徵，大家用肉眼即可辨識出來，完全無須陰陽眼、照妖鏡輔助。在談戀愛時小蠍子就要時時提醒自己，多收斂別再天羅地網把牢情人。建議你，寧可多表達自己的真心真愛，讓對方有所了解與認同，在真愛的堅實基礎上發展相互扶持的貼心模式，必定會有較為圓滿的結果。

小蠍子渾然天成的神祕感，也引發鄉民與一般閒雜人等正反兩面的爭議。出於天賦，聰明的小蠍子如果他想——有意願——知道對方（或對手）心裡在打什麼算盤、想什麼心事，他就是有辦法偵知，藉以得到他想要的訊息與情報，易如反掌，一點也不困難。小蠍子的神祕專長，並非人人喜愛，許多人甚至還會起戒心謹慎提防。為什麼會反應強烈到需要提防？因為小蠍子給一般人的印象就是人雖然聰明，但太過強烈的個性與占有欲，對人非愛即恨，再加上神祕兮兮的防護罩，往往讓不熟悉或初次交手的人神經拉警報，甚至深感招架不住，想趕快閃人——惹不起躲得起。

不過如果你有幸成為小蠍子的朋友，甚至是換帖的閨密，你將成為天下最福氣的人，因為小蠍子對你絕對忠誠，無私無欺，熱情無限，活力滿分。當然你也會回報小蠍子無比的真誠情誼，絲毫無欺騙隱瞞之心，朋友是互相的，自然就會「焦不離孟，孟不離焦」囉！

Q 天蠍座適合當「不婚族」嗎？

神祕的小蠍子適不適合當個時髦又酷帥的時尚不婚族？這很難說，因為他很神祕，沒有人猜得出他單身是因為不婚還是眼高於頂。偶爾也曾聽人說小蠍子們天雷勾動地火的愛情傳說，但我們還是回歸專業，好好分析一下，比較不會落得道聽塗說。

在愛情裡，小蠍子就是傳說中控制欲極強的愛情主導控，和他（不分男女）談戀愛一定要被他控管，不要妄想你能以愛來感化、改變他，讓他給你管，作夢。或許就因為不想被人管，或避免另一半以愛之名試圖奪取愛情主導權，而且婚姻一旦成立，一大堆家的束縛就纏繞上身，想到就令小蠍子毛骨悚然，因此在沒有急迫需求的狀況下，能不婚就不婚，省得麻煩。

等哪一天小蠍子浪子回頭，渴望歸巢時，才會願意和愛人攜手跨入婚姻，共同承擔愛的束縛。記住這一切都必須是小蠍子自願的、主動的，否則誰也不能逼他、拐他、騙他入甕。

小蠍子的不婚大多是暫時不願被綁住的過渡狀態，因為他有洞悉他人、探索他人內心的天賦，卻很怕別人「以其人之道還治其人」，這是他最怕的——小蠍子不愛別人來探索個人世界的祕密，這讓他很沒安全感。在還無法適應與另一個人分享私領域心事之前，不婚是小蠍子覺得最安全的選擇。

Q 抉擇關頭，天蠍座選愛情還是顧麵包？

愛情關頭，問小蠍子愛情與麵包選那個？這還用問，當然兩個都要。

一旦戀愛了，小蠍子就會全力以赴地愛對方，讓情人舒服如在天堂。要達成這樣的目標，就需要相當的經濟實力——麵包。當小蠍子的能力有限時，就會精算愛情和麵包的平衡點在哪裡？古靈精怪的頭腦就會冒出一大堆鬼點子，思前想後，盡量在自己有能力應付的範疇內，找出能夠讓情人得到大滿足的小確幸，完全不會掉進麵包與愛情二擇一的困境。

在相信彼此愛情成立後，小蠍子是全心對情人好，不准煩惱來困擾。這時小蠍子的占有欲就會長出角來，讓你強烈感受到自己已經歸他管了。唯有如此，小蠍子才覺得這段感情是安全的，如果你能接受，就可以得到主子完全的寵愛。

天蠍座的愛情續航祕笈

小蠍子認了你倆的愛情之後，就會全心專注在這份感情上，也希望情人能夠對己輸誠，表達忠誠，一切把主子放在第一位。這是與小蠍子談戀愛的基本認知。不過小蠍子隨愛附贈的配套也不少——全年無休式的占有欲。

剛開始可能覺得超甜蜜、超受重視，自己就是小蠍子的全部、他的眼睛永遠隨自己而移動。可是甜蜜期一過，這份愛就變成監控，讓人沒有隱私與自由，黏人的感情出現變數危機。其實危機就是轉機，有智慧的情人，不妨趁此當口和小蠍子溝通，或許監控式愛情可以轉化成彼此尊重的互信式愛情，找出彼此安全感的在意點，只要在意點都達陣就可以不用時時報備監控。畢竟信任是愛情的主要基石，沒有信任就沒有長遠的愛與婚姻的可能。

誠心建議小蠍子，對愛專注是難得的美德，但多點甜蜜、少點監控；多點信任、少點查勤；多點關心、少點刺探；多點自信、少點占有，這樣你就是最有魅力的神祕情人喔！

Chapter 09
射手座
Sagittarius

愛情亮燈指數

射手座 ★ 牡羊座	90	♥♥♥♥
射手座 ★ 金牛座	70	♥♥♡♡
射手座 ★ 雙子座	85	♥♥♥♡
射手座 ★ 巨蟹座	65	♥♡♡♡
射手座 ★ 獅子座	90	♥♥♥♥
射手座 ★ 處女座	75	♥♥♡♡
射手座 ★ 天秤座	90	♥♥♥♥
射手座 ★ 天蠍座	75	♥♥♡♡
射手座 ★ 射手座	75	♥♥♡♡
射手座 ★ 魔羯座	65	♥♡♡♡
射手座 ★ 水瓶座	85	♥♥♥♡
射手座 ★ 雙魚座	75	♥♥♡♡

SAGITTARIUS

射手座的愛情

如何敲開射手座的愛情之門？

有如駿馬般矯健、活潑又外向的小人馬，性格獨立、直率不拐彎，跟誰都處得好，是個好人緣的傢伙。性格如此討喜的小人馬，談戀愛應該也是萬人迷吧？那倒未必，因為小人馬個性太直，說話不懂得添加蜂蜜，往往讓情人覺得你不解風情，花前月下你只要一開口就會氣氛全無，親密關係永遠建立不起來。

所以小人馬如果想順順利利談一場好戀愛，務必要把太直的個性加以修飾，講話柔和委婉些，這樣對愛情比較有幫助，不至於太快破局。此外，小人馬太過獨立的個性，每每想做什麼就去做，不跟家人商量或報備。倘若小人馬的情人剛好是個黏人咖，那你很快就會覺得自己被束縛了，這時最好趕快溝通一下，請情人尊重你的獨立性格，給予適度的自由空間，而小人馬也要尊重情人的關懷，適度告知以免懸念。

小人馬在感情中容易出包的點有三個：第一，小人馬是個樂觀主義者，很容易自己快樂就認為情人也一樣快樂，其實未必喔！每個人都有自己的喜怒哀樂情緒，也有自己的啟動模式，誰說跟你談戀愛就要跟你一起歡笑一起愁？那是情歌才有的境界，真實人生裡情人心情好時可以陪你一段，心情不佳時大家各自為政，誰理你！所以眼睛放亮一點。第二，小人馬誠實又太直，脫口而出的實話連情人都招架不住，常被你氣得半死，為了將來的白頭偕老，小人馬還是先學著話要出口前先想一想，這樣你不會被罵死，情人不會被氣死。第三，小人馬很粗線條但對朋友很好，即使已經名花有主、名草有佳人了，對於朋友還是一樣好，往往惹來情人大不悅。

這三大缺點該如何解套？樂觀、誠實、好人緣其實都很正面，只是在感情裡為了顧及情人的感受，小人馬最好和情人時時保持良好的溝通，讓情人當你的好朋友，隨時提點你別自以為是、別太直傷人，當然你的回報就是把情人和朋友的對待做出區隔，還有對異性朋友也要稍加收斂，以示對情人的尊重。

情人也要尊重小人馬的獨立與自由，適時協助而非拉緊風箏線。總之，唯有雙方良好溝通，愛情才不會太早終結。

愛情EQ別敗在快嘴與博愛上

小人馬個性開朗率直，有話直說不轉彎，對自己百分之百誠實，對情人、朋友也是如此，經常一開口就語驚四座，讓周邊的人躲都來不及。這樣的性格有好有壞，好的是凡事都明快釋出，不留任何情緒過夜發酵，因此天天都很開心。但是他的朋友（及情人）可就累了，小人馬只顧自己痛快地直話實說，完全沒想到朋友受不受得了，有時狀況糗到連臺階都沒得下，小人馬卻完全沒發現自己搞出紕漏，真是讓人臉上三條線。奉勸小人馬，好EQ、好情緒不是只管自己好心情，也要懂得與朋友、情人優質互動才行，所以說話前，請先閉嘴想清楚再說，好嗎？

關於感情，小人馬一向大大方方，EQ也超好，給人全方位好感。但是情人卻總覺得這傢伙沒有想像中的專情，好像與很多異性朋友都好到有點曖昧。這時小人馬應該趕快實施朋友與情人的區隔方式，讓情人明確感受到小人馬對自己比一般朋友特別多了，這樣你的愛情EQ才算過關，至少有情人為你的專情按一個讚。

喜歡，就先約法三章！

小人馬是陽光與風的孩子，喜歡在大地奔馳，廣交各路好友，大家一起聊、一起瘋、一起玩，到哪裡都受到歡迎，加上他直言率真的性格，讓朋友跟他在一起好安心，不用擔心他會耍心機。正因為小人馬的四海之內皆好朋友的個性，即使有了真命情人，陷入熱戀也不會忘記對朋友好，這一點常會讓情人吃味，甚至感到深深的不安，害怕他的博愛好人緣只是不專情的煙幕彈。關於這一點，大家真的誤會小馬了，但是小人馬自己也要負點責任，本來人際關係就有親疏遠近，應該要把家人、情人和朋友清楚區隔，才能平息配偶的不安全感與情人的不專情疑慮。

在愛情中有一件事情總是讓小人馬傷腦筋，那就是自由的需求與自我獨立空間的渴望。小人馬熱愛自由是出了名的，想去那兒就奔馳而去，天地任他馳騁，最愛孤身一匹馬勇闖天涯海角的帥勁兒。

可是情人與你相戀，期待的就是兩人長相廝守，共同建構兩人世界，如果小人馬老是玩失蹤一段時間去追求自由，還要搞獨立自主的人際空間，情人會覺得自己超不受重視。其實這個問題也好解決，談戀愛時兩人就要好好溝通，了解彼此不容限制的項目與需求，能接受就訂出遊戲規則，如果不能接受那就做戀人未滿、不搞曖昧的好朋友。情人千萬不要在溝通時，為了博取小人馬的好感，隱居委屈不講，照單全收，到時苦了自己也無法保住愛情。

總之，小人馬談戀愛就是要管住自己的快嘴，把人際圈分層管理，還要和情人約法三章保持自己的自由與空間，做到這三點應該會比較容易成就戀愛。

Q 愛情狀況題

狀況一 射手座的寂寞耐受指數

一個人會寂寞難耐嗎？小人馬絕對不會，因為他是超級好朋友，男女通吃，又很會自娛娛人，不愁漫漫長日＋漫漫長夜難打發，根本不知道寂寞、孤單、形單影隻是什麼。

或許就是這樣滴水不漏的歡樂生活，讓愛情種子找不到空隙鑽進來，而且老是大剌剌地和異性友人嘻笑打鬧，完全少根筋去觀察人家是否已釋放愛的訊息。因此小人馬就永遠只是大家傳說中的好朋友，卻始終找不到一個情人來疼自己。如果要想擺脫男女光棍人氣王的封號，就必須適度保留獨處的空間（這應該是小人馬最喜歡的，卻常被朋友盤據），讓徘迴在身邊的多情種子有機會介入，與你產生美妙的化學變化，成就一段一對一的愛情故事。

在小人馬墜入情網之前，身邊的狐群狗友幾乎都沒想到小人馬也會渴慕愛情，直到小人馬因愛情滋潤展現迷人風采，才恍然大悟這匹小馬長大了！儘管已經有情人掛牌宣示主權，小人馬和朋友（男女都有）還是會像連體嬰般玩在一起，聊到天亮，毫不忌諱情人會作何感想。所以要與小人馬牽手一輩子，就必須認清他的個性，勤於溝通，在不違背他的自由與空間開放的眉角下，技巧地要求他記得情人的存在。

狀況二 心頭小鹿亂撞時

喜歡一個人的感覺，小人馬比誰都明白，暖暖的、癢癢的，很想和朋友說卻又隱隱覺得不說比較好。開朗活潑的小人馬朋友滿天下，因此當他心中出現這微妙的化學變化時，周邊的友人竟無人察覺，真是悲哀啊。被喜歡的人呢？肯定也收到小人馬釋出的放電訊號，只是小人馬始終都被朋友簇擁著，人緣這麼好，而懷疑可能是我誤會了。非也非也，小人馬的愛情常常在第一關就這樣被打掉，所以當你收到這樣的訊號不妨鼓起勇氣多方觀察，給機會讓小人馬表達得更明確，假如他很在意你的感受，那就有譜了。小人馬也別退縮，你的因緣注定要從朋友交往慢慢開始，別肖想一見鍾情，趕快給喜歡的人更清晰的表白，愛情才有可能啟動。

因為第一眼就喜歡上某人，絕不是愛情小說裡的情節，真實人生天天在發生。但是這電光火石的傳情，要如何轉換成真正的愛情，還需要更多的催化、更多的了解、更多的觀察與思考。愛情固然有衝動的成分，但是往長遠看，還是需要理性判斷與思考，愛情才能往長久的路上走。

狀況三 愛神的箭射中紅心時

無可救藥的樂觀精神與超完美理想化是小人馬最大的個性特徵，所以對愛情他常常過度想像，把自己甜個半死。而且這位外向活潑的小人馬，真的會一廂情願地認定他喜歡你的那一刻，兩人便算正式談戀愛，簡直比邱比特還亂來！而且連以後生幾個孩子、養幾隻狗、買哪家的休旅車都想好了。哈，真是想太多又自以為是的傢伙。

兩人既然都已經被邱比特射中了，一場美妙的戀愛勢必展開。只是小人馬的過度想像，往往會讓準情人感覺很傻眼。所以小人馬，記得要拿出和朋友搏感情的聊天絕活，時時和準情人聊聊，一方面關照準情人的進度是否與你的感受一致，另一方面也是深入了解是否各方面都合得來。雙方建立良好的溝通管道與模式後，小人馬就可以調整自己的進度，慢慢來不著急，逐步清除過度的想像，讓愛情露出原來該有的樣子。當愛情熱戀期順利通過之時，兩人就可以往長久經營愛情的道路邁進。

狀況四 射手座的甜言蜜語

與小人馬談戀愛，活潑外向的他生活超級精彩，再加上小人馬最出名的特色就是話多、話直，而且還說到做到，一點都藏不住。所以和他談戀案真的非常有趣，不愁會無聊、沒話題，甚至他講完天花亂墜的情話後，就會立刻拉你去守候剛剛說的看日出、去喝會讓人靈魂出竅的珍奶，總之說到做到，快樂無止境。

不過這些都是他要秀給你看的，是他想做的，如果你希望他聽你的意見或指揮，去做你想要他做的事，很難。小人馬是自由派，不喜歡被指使、束縛。所以他的浪漫綺想是單向道，不是雙向道，情人請認清這一點，接受他或拒絕他決定權在你。如果還是很愛小人馬，就努力找出兩人個性的平衡點吧！這樣兩人的愛情才能長長久久。

狀況五 射手座放閃曬恩愛

小人馬是天生的浪漫動物，超適合談戀愛，一旦認定你是他的情人，就準備踏上夢幻的雲霄飛車，朝王子與公主的幸福未來出發！相信我，小人馬為了愛情，什麼浪漫傻事都會認真執行。

當戀情進到最火熱的高峰時，基本上情人完全被小人馬征服，兩個人都為愛瘋狂到極點，簡直就是超另類的情侶。這種瘋狂的狀態會維持多久？只要兩人懂得溝通，而且小人馬懂得在異性友人面前收斂四海一家的豪爽個性，這段高潮應該可以跑很久不消退。

小人馬別忘了，愛情到熱戀到相許相知，這個過程是很重要的，而不是短暫的一瞬間，要讓這種彼此依賴的感情繼續下去，那就要兩人之間好好的維持，好好的溝通，如此才能造就完美的一段戀情。

狀況六 愛人鬥嘴鬥氣時

小人馬一碰到說話這件事，就會顯得白目，似乎管不住自己又直又誠實的快嘴。如果只是情人間為了去哪家餐廳的鬥嘴，小事只是愈吵愈親；但碰到真正意見不合的狀況，若放任小人馬任意發表高見，情人應該很快就會吐血吧。

戀愛期的情人最好不要因為一些小事起爭執，吵來吵去終究會傷到感情，不如打個馬虎眼就過去了。小人馬千萬不要挑這個節骨眼來直話實說，據理力爭，別忘了對方是你的親密愛人，不是辯論比賽的反方，非爭個真相大白，何苦呢？所以說，情人之間的相處就是要降低爭執，若爭執無可避免就要盡量讚美對方，讓氣氛緩和下來再做溝通。假如對方真有缺點時，也要用最恰當的方式去規勸、溝通，如此感情才會更愉快喔。

Q 當超瞎小三現身攪局時

小人馬對每個朋友都很好，猛回頭發現自己的情人已經有小三或小王在照顧，通常會承認是自己忽略了情人，造成這種尷尬的局面。接下來小人馬會捫心自問，還愛不愛？如果愛已經淡了，就分手吧。如果人家明明還很愛，怎麼就來搶人，是可忍孰不可忍，小人馬就會使出回身解數，把情人給追回來，絕對不會讓步。

但是當小人馬自己變成人家的小三、小王時，就會自圓其說，純粹是因為對方的情人、配偶太糟糕，當事人苦不堪言才會找好朋友訴苦，小人馬直心直腸又有正義感，往往就在安慰與支持中，不知不覺變成小三／小王了。介入別人感情就是不對，小人馬不要太天真囉，自己要提高警覺，不要公親變事主。

既然感情冒出小三、小王，表示其中必有問題，與其哭鬧咒罵報復，不如好好思考到底哪裡出包？有沒有解決的可能？切忌採取激烈的手段逼對方攤牌，不留轉圜餘地就把一段培養不易的感情一刀切斷，會不會太衝動了？

Q 射手座情人的分手眉角

小人馬活潑、好動、誠實、率直又嘴巴快，因此處事往往比較衝動，尤其碰到感情的事情，每每控制不住情緒就亂放炮，偏偏大家又都相信他是個誠實又率直的人，所以氣頭上亂飆的話語常被當真處理，結果原本只是情侶小吵架，卻鬧到不可收拾，搞到要分手也不奇怪。

不過如果愛情真的走不下去，小人馬也會誠實地告訴情人，不會拖延、閃躲、逃避，算是比較有GUTS的星座。只是問題出在他那張又快又直的嘴巴，雖然說的是實情，但實話難聽又完全直說更是殺傷力大增，本來可以好好理性溝通，和平分手，卻被他嘴砲一打雞飛狗跳，事後想修補和挽回都來不及。這真的應該自我警惕，盡量管住嘴巴朝好聚好散的方向努力。

此外，小人馬因為喜歡多采多姿的生活，所以當戀愛談久了喪失新鮮感，小人馬也會想要閃人追求新刺激。這時情人就要運用智慧，對小人馬曉以大義，培養感情、養成默契皆非一朝一夕，兩人努力經營感情已經這麼多年，應該要一起攜手度過這段低潮期。更何況新戀情是否更好也是未知數，何不把心念轉向，為舊戀情找出新熱情，豈不更實際些？感情的事不要冒然做決定，也不要輕易承諾，一定要仔細看清楚想明白再做決定。

Q 射手座失戀的獨門解藥

小人馬失戀了，難過是一定的，但雨過天青，太陽出來一樣溫暖，傷痛一定會過去，很快就會有新感情、新生活出現。愛情只是小人馬多姿多采人生的一部分，人生有太多值得嘗試的新奇事物，大可不必因為小小的失戀放棄自己與整個世界。所以小人馬會找更多有趣的新鮮事來忙，很快就把失戀的痛苦拋到九霄雲外。也有人就喜歡抓著這一點，指責小人馬不夠專情，才會一副無所謂的樣子。其實午夜夢迴孤枕難眠時，小人馬的心有多痛，也只有他自己清楚，不足為外人道。

失戀是大家修習愛情學分最重要的一課，唯有面對失戀才能理解前段戀情的失敗之處，開啟新戀情時才得以趨吉避凶。小人馬就是把這個道理確實付諸實踐，所以戀愛的智商才會愈來愈高，得到戀愛聖手的封號。

射手座的戀愛 TIPS

小人馬的性格隨和又外向，為人直率又活潑，很容易和大家打成一片，朋友多如牛毛，男的女的都喜歡與他攪和，都是他玩在一起的哥兒們，開心得不得了。但是這樣廣結善緣的四海個性，對於愛情一點幫助都沒有，因為小人馬永遠朋友放第一，情人根本分配不到你的時間。愛情本來就很難與第三者共享，更何況是和一群男男女女分享！剛開始可能會因為要展現風度，一切都微笑以對，但是小人馬根本沒有察覺情人的為難，而讓情人有苦說不出，要撐下去很難。

可是小人馬對於情人的指責頗不以為然，因為他覺得自己朋友跟情人分得很清楚，完全是情人多慮了。容我說句公道話，小人馬的博愛作風確實容易造成情人的壓力與疑慮，應該要多多顧慮情人的感受，兩人的感情才會長久。

此外，小人馬講話太直又實話實說，情人心臟不夠大顆的恐怕很難與小人馬匹配，所以請小人馬務必學著話到嘴邊想一想，同時記得加點甜蜜情話，愛情才會更有梗。對了，小人馬也很討厭情人緊迫盯人，這讓他覺得自由受限，若情人不識相的愈管愈多，小人馬可能就會從你身邊快閃喔。奉勸情人們，與其管小人馬的行蹤，不如多變點新鮮花樣，讓感情與生活綻放新風采，感情自然更長久。

Q 射手座適合當「不婚族」嗎？

小人馬不是不婚一派，但是他的配偶、情人必須懂他，不能處處限制約束他的自由，所以要想跟小人馬成為一對，就讓他依然保有自由自在的生活方式，這樣愛情才有機會開花結果。但是情人必須能夠自我排解心中的不安與憂慮，萬一撐不住要抓狂，請記得和小人馬保持優質的溝通才是好方法。

小人馬不結婚，也不會覺得有甚麼不對，反而更加自由自在，無拘無束。雖然午夜夢迴有點冷清孤單，生活也沒有什麼非守護不可或努力達成的目標，似乎過得渾渾噩噩，像個無人疼愛的宇宙遊子，這時若有配偶或情人在身邊該有多好！不過太陽升起，小人馬的活力又來了，朋友也都在身邊，想婚的念頭頓時煙消雲散。除非小人馬忽然對婚姻的甜蜜有了新看法，想嘗試看看，這時就會有衝動了喔！

既然決定要步入婚姻，小人馬和配偶一定要好好努力，畢竟結婚是一輩子的事，要同心協力一起守護，才能長長久久。

抉擇關頭，射手座選愛情還是顧麵包？

小人馬專注的焦點一次只有一個，當愛情來時就會全心愛下去，盡情沉醉在愛的甜蜜裡，麵包就先放一邊吧。等到驚覺麵包櫃空空時，才發現生活品質已經低落到難以接受，小人馬的心情就會掉到谷底，難以忍受這種麵包不OK的日子。

所以當小人馬跟情人信誓旦旦說：愛情與麵包要兼顧時，情人請記得自行過濾，不要隨之起舞，以免苦日子馬上到。

射手座的愛情續航祕笈

小人馬雖然實話直說不拐彎，這獨具特色的口才絕對是小人馬最棒的魅力，總能讓場子一下子熱鬧起來。剛開始戀愛時，情人也會著迷於小人馬風趣詼諧的好口才，但是兩人一旦成為正式戀人之後，小人馬廣受好評的口才，反而變成最令情人頭疼的桃花吸鐵。

小人馬不是那種生命中只有愛情的星座，可是談起戀愛就會非常專注（所以才會發生顧此失彼的現象），讓情人受寵若驚。只是這種專注很快就會被朋友給平衡了。

看來口才和專注都不是增加小人馬愛情續航力的法寶，那什麼才是呢？樂觀的感染力，小人馬永遠是陽光燦爛的開朗之子，只要他永保樂觀就能把愉快的情緒傳遞給周邊的人，包括他的情人。如果情人想要一輩子快樂開心，小人馬絕對是不二的人選。

其實所有人都一樣，自信就是最棒的個人法寶，有自信就能展現自我獨特的魅力喔！

Chapter 10
魔羯座
Capricorn

愛情亮燈指數

魔羯座 ★ 牡羊座	70	♥♥♡♡
魔羯座 ★ 金牛座	90	♥♥♥♥
魔羯座 ★ 雙子座	75	♥♥♡♡
魔羯座 ★ 巨蟹座	85	♥♥♥♡
魔羯座 ★ 獅子座	65	♥♡♡♡
魔羯座 ★ 處女座	95	♥♥♥♥
魔羯座 ★ 天秤座	80	♥♥♥♡
魔羯座 ★ 天蠍座	80	♥♥♥♡
魔羯座 ★ 射手座	65	♥♡♡♡
魔羯座 ★ 魔羯座	75	♥♥♡♡
魔羯座 ★ 水瓶座	70	♥♥♡♡
魔羯座 ★ 雙魚座	85	♥♥♥♡

魔羯座的愛情

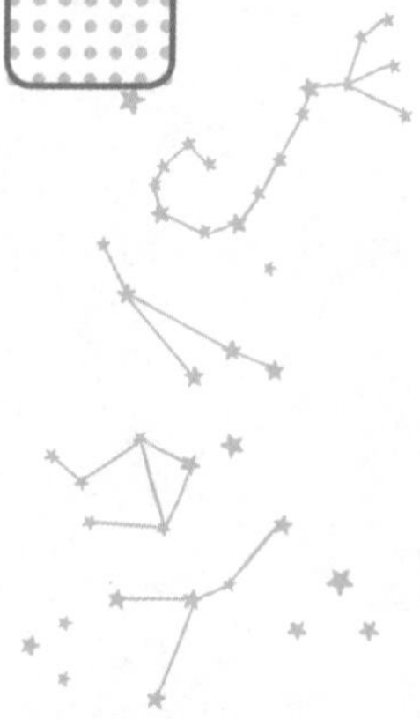

Q 如何敲開魔羯座的愛情之門？

阿羯是個狠角色，不論什麼事都很認真、很踏實的做，絕不做沒把握的事，包括感情這檔子事在內，也是要求自己一出手就要手到擒來。阿羯對感情的態度是人生必須體驗的重要部分，但不是全部！所以面對感情雖然秉持一貫的認真態度，但抱持的是盡義務的心態，而不是追求、浪漫與享受。

儘管是盡人生的義務，但阿羯對感情的要求依然屬於高標準，而且在阿羯的認知中愛情=忠誠，所以跟阿羯談戀愛時，他不會說甜言蜜語，也不玩浪漫送精品的遊戲，只會對情人表達無比的忠誠，讓情人了解他對這份愛的重視與堅持，是以白頭偕老為目標來經營。如果你渴望一份以婚姻為前提的穩定長久而且生活品質恆定的安全感情，阿羯絕對是你的不二選擇。

但很多人都會在關鍵時刻有所遲疑，因為愛情多少還是要有充滿夢幻與浪漫的想像，眼前這位阿羯雖然很忠實、很有責任感，但似乎不太懂得生活情趣與浪漫溫馨為何物，若要共同生活一輩子，會不會枯燥無聊到爆，難以撐到老？其實和阿羯談戀愛也沒那麼慘，往好處想——與他生活無後顧之憂，保證安定，等一切OK之後，阿羯的熱情內在才會顯露出來，成為你的獨家大秀，別人想看？門兒都沒有，因為阿羯的溫柔只有你看得見，所以千萬要「守得雲開見月明」，別半途而廢，否則就無法得到最棒的獎賞囉！

在阿羯的世界裡，對愛情忠誠是必須的，彼此尊重也同等重要，包括親人、情人與同學、朋友、同事等，一視同仁都要尊重。其中又以親人排第一位，因為家人、親人和諧相處與互相尊重，是阿羯最重視的親情與倫理價值，唯有認同阿羯的價值觀，付諸實踐，兩人的情感才有機會天長地久。阿羯不是那種只會要求情人對自己家人付出的自私鬼，他也會以同樣的尊重與照顧對待情人及配偶的親人。

總之，阿羯不論男女都很重視責任，對家庭、對事業、對感情的責任感都扛在肩上，唯有一切責任都達到他心中的標準時，阿羯才敢放心享受人生。若一切未達標準，阿羯完全無法放心去愛、去享受人生。所以要和阿羯談戀愛是先苦後甜，撐到最後就是甜蜜，但你必須撐得住。

Q 愛情EQ太冷靜反而非好事！

阿羯的情緒管理非常好，已經達到喜怒不形於色的水準。當他遇到最艱困棘手的難題時，外人很難看出阿羯淺淺的微笑背後是怒火中燒？還是哀痛欲絕？臉上依然掛著微笑，淡定地說出：愈難愈有挑戰性，更能激起我的鬥志。看，是不是狠角色！

不過同樣的態度放在與同僚相處時就很傷腦筋，因為此人不冷不熱，難以親近，不好溝通，看不出情緒反應，太可怕了。唉，大家想太多，阿羯只是比一般人冷靜，對自己的情緒比較能夠客觀以對。因為阿羯的冷靜，談感情時不會被情緒沖昏頭，還能夠深思熟慮把事情想清楚，不會做出讓自己後悔的決定，自然不會發生太過衝動與衝突的狀況。

在此要奉勸阿羯，凡事放—輕—鬆，別把自己操得太過火，要記得責任誠可貴，健康價更高，所以不要成天嚴肅工作，要適時放鬆、釋放壓力，這樣才會人和、事圓、感情順。還有就是關於感情的事，要多花點間培養，才不會讓心上人溜走！有了情人之後，或許你覺得肩頭上的責任更重，變得更認真工作，反而忽略了與情人的溝通，罔顧了情人的感受。建議你，有時候一束紅玫瑰就是一座愛的天堂，何樂不為呢？

Q 喜歡，就鎖定你！

阿羯眼中的愛情是人生計畫的一部分，已經排進既定行程了，所以一切會照計畫執行，必定會付諸實踐。天啊，談情說愛是多麼浪漫的事，怎麼一到阿羯手裡就變成照表操課的工作呢？

當阿羯心有所屬時，耳邊會忽然響起：我的字典裡沒有放棄，因為已鎖定你！令阿羯心動的人兒出現時，愛情雷達馬上鎖定對方，就會努力展現對她／他的好，即使愛的過程中有重重險阻，且各方反對聲浪襲來，阿羯都不為所動，勇往直前，沒有人能阻止或改變他的決定，徹底發揮摩羯座堅定的忠誠之心與超強韌性，篤定堅持到底，不會輕言放棄。雖然過程中欠缺一般異性追求應有的鮮花和浪漫情事，但是阿羯一定會分析給你聽：「你要捧著一大束鮮花逛街約會？還是兩人手牽手、慢慢走就好？」答案很明顯，而且是你自己選的，這樣還會抱怨阿羯不浪漫嗎？

好，沒有鮮花還可以接受，但沒有令人融化的熱情、身心沉醉的甜言蜜語、對未來描繪的希望，這樣會不會令情人覺得嫁給你應該會無趣一生？該怎麼解釋呢？阿羯對愛情的態度就是這麼實際，因為愛你，所以要不停努力衝事業，給你最安定、最豐足的未來，一切都幫你搞定，不讓你操心，這是阿羯愛你的責任，也是終極目標。有這樣的情人，後半輩子真的都不用發愁，那你還挑剔他不會說情話、不會耍浪漫嗎？

不過還是要奉勸阿羯，人生雖然是殘酷現實的，但偶爾為心愛的人表現一點浪漫情趣，絕對是CP值最高的投資，何樂不為？

Q 愛情狀況題

狀況一 魔羯座的寂寞耐受指數

阿羯是很實際的星座，對自己的生活安排一律比照工作時程表，排得滿滿滿，沒有一絲空隙，不浪費一分一秒。所以完全不必擔心阿羯會有寂寞來襲的時刻，只有驚嘆他超有能耐，把生活搞得像急行軍，一點都不留喘息、休閒的空間。

時間與行程可以排滿，但情感地帶的空虛卻是最難排遣的，不是把自己搞得忙碌不堪，感情空白就可以得到填補。這是不可能的，如此作為只會讓自己更加空虛寂寞，平添許多心事與惆悵。生性謹慎如阿羯者，碰到感情游離未定狀態，就會啟動孤僻模式，自動淨空周邊，完全不會也不想與家人、友人聊聊。他的寂寞耐受指數應該相當高，但何苦為難自己至此？想不通。

能夠忍受寂寞並不表示要孤獨一生，阿羯對家庭與愛情仍是存有渴望的，如果模式始終定在孤僻，難免被外界誤解為姿態過高，甚至有點現實，自然難以獲得異性的青睞，又增加自己尋找情人的門檻。良心建議阿羯，把什麼模式、時程表通通關掉，專心的花點時間、用點心思，為自己找個終生伴侶吧！

狀況二 心頭小鹿亂撞時

阿羯喜歡上某人時，一定是經過深思熟慮、各方評估之後的結果。因為摩羯座就是個有想法、有原則、凡事重評估、不輕易下決策的小心人。所以被阿羯喜歡上的人，會很清楚感覺到自己已經是阿羯的人生責任與目標，可以得到阿羯百分之百的喜愛與重視，很爽吧！不過前提必須是你也喜歡阿羯才行，否則會煩惱到爆。

阿羯對於愛情的緣起，通常是因為覺得自己該找個對象、談個戀愛，完成人生大事這個階段性任務。起點很不浪漫，但執行任務卻是超認真又有效率，當阿羯偵測到喜歡的人兒時，就會開始做攻略計畫，有十成十的把握時才會開始追求任務的行動。

提醒阿羯，以你小心謹慎的個性可能會想很多、策劃很周詳、耗時太久，很可能等你展開行動時，心動的人兒已走遠、青春已逝。所以跨出第一步的時機別想太多，去做就對了！

狀況三 愛神的箭射中紅心時

大家都說阿羯很務實，沒錯，他做任何事都講究實際，包括感情也一樣。所以當邱比特的箭射過來點燃心中愛苗時，記得要注意，把現實考量放第一的模式暫時收斂，給愛苗、愛火一點非現實的空間滋長，多寄予期待，多澆一點浪漫雨露，這樣愛情就有機會成長、茁壯，情人也才有機會看到你的好，不會在第一類接觸就被現實的你給嚇跑了。

等愛情紮根穩定之後，情人就會發現阿羯雖然是個不浪漫的現實咖，對愛情的態度也相當保守，但是責任感強烈，跟他在一起不僅生活有品質，也安全有保障，算是不錯的家庭咖。所以請別太計較情趣缺缺的現實，好好享受他默默關懷、用心對待的暖暖愛意，找機會再來引爆他內心的熊熊烈愛就好了。

正因為阿羯的保守與務實，常容易被準情人誤解成對愛情不熱衷，所以請把握相識一瞬間的機會，好好展現自己的優點——踏實可靠、值得信任、對事業有潛力、對家庭有責任，讓準情人理性分析之後，把你評為值得踏入婚姻的第一對象。不過提醒阿羯們，一旦啟動戀愛模式，生命的優先順序請微調一下，把工作的百分比稍微調降，讓一點比例給感情，這樣會比較容易工作、感情都春風得意喔！此外，感情是需要長期經營與投入，日後的持續互動也很重要，不可關係一穩定就放牛吃草，那樣的話就莫怪情人跟別人跑囉！

狀況四 魔羯座的甜言蜜語

全球戀愛適齡男女中，阿羯可能是最不會以言語、肢體表達綿綿情意的傢伙。如果被阿羯煞到，就要習慣沒有甜言蜜語、沒有激情烈愛、沒有生死難分，只有平穩踏實的愛情，以及一個厚實的肩膀、一處柔軟的胸膛、一個安全的歸屬小窩。

阿羯的心中，愛情＝責任，他不會不負責任，而且還會嚴格要求自己，承諾以忠實來保障兩人關係的穩定，絕不靠甜言蜜語、耍嘴皮，或是短暫的激情與無厘頭的浪漫來維繫兩人的感情，那太不靠譜了。儘管壓力不小，但阿羯的思維與行為模式就是如此，情人樂得接受如此榮寵與尊重。

狀況五 魔羯座放閃曬恩愛

關於愛情的纏綿、承諾與重量，阿羯會自動換算成責任的重量與壓力，他不會逃避，只會更努力扛起來，以更大的決心去承諾保護所愛的人。所以在阿羯的愛情關係裡，不管愛有多深、多濃，都不會出現激烈的誓言、狂暴脫軌的愛戀舉動，永遠只有務實地以行動表示，我阿羯是個對情人負責任的好咖。

到底是哪些務實行動？如果只是在心中暗暗發誓，情人應該一輩子都不會知道吧！奉勸阿羯，世俗愛戀中的一些言語與肢體表達，還是有參考的必要。不然情人怎麼知道他在心中的重量？就算你心中對他已是難分難捨，生活裡已經不能沒有對方的存在，煩請表達出來給情人知道，讓情人有感，切身感受到你承諾愛情的重量，以及對愛情的責任感，否則情人只會在隱晦的熱愛中不知所措，無法界定彼此的關係到哪裡。

愛情，是一段由陌生到相識，由相識到相知，由相知到相許的美好歷程，每一秒都在變化，每個變化都神奇甜蜜，記得要細細品味，才能對彼此的愛有更深刻的認識，也才會更加珍惜彼此的相信相依。日後就算遇到再多的爭執與衝突，都能以愛為基礎好好溝通，向完美的幸福人生邁進。

狀況六 愛人鬥嘴鬥氣時

很多人都說阿羯很自我、很固執、很難溝通，他決定的事很難翻轉。尤其對於事情演變的結果，阿羯往往以自己看到的結局視為真實，完全不理會其他人提供的推論、假設與可能，說直接一點，就是阿羯的字典裡沒有商量、討論、溝通，這三個詞彙。所以不用跟他爭執、生悶氣，因為他完全不會理解你在氣什麼。

同理可證，當阿羯和情人對某事件看法產生分歧、發生爭吵時，阿羯不會口出惡言，但也沒有妥協的意思，只會堅持自己的立場，讓情人知難而退，不再試圖動搖或溝通。身為阿羯的真命情人或配偶，建議就照單全收一輩子吧！至於爭執發生的當下，請閉嘴、深呼吸讓自己冷靜，嘗試跳脫僵持不下的現場氛圍，在自我看法與阿羯的固執不可理喻中快快找到一個平衡點，讓自己的委屈感有消化的去處，這樣就能再和阿羯繼續相愛下去。

但奉勸阿羯，愛情爭執中沒有永遠的勝利者，只是不知情人的報復會在何時爆發。所以不要太固執己見，要適時讓情人得到成就感，了解嗎？總之，任何情人間的鬥嘴、鬥氣，讚美永遠是最佳解決之鑰，等對方氣頭過了再來溝通、規勸，才能收到不傷感情的最佳效果。

Q 當超瞎小三現身攪局時

當愛情已經不可為，不知如何收場時，小三或小王的出現，對阿羯而言可能反而是一種救贖。情人有小三或小王，就表示對彼此的感情已經無心無力，阿羯心中若也判定這段感情注定已成往事，難以留戀，雙方自然分手，無所謂和平不和平，也無須多言。阿羯相信，不必為不值得的事情多耗費心緒，早早停損出場，有利下一回合的展開。

萬一阿羯認定情人是自己此生最愛，不願放手，事情就會很棘手。因為不甘心所以完全不想放棄，於是阿羯想盡辦法試圖挽回，不斷強烈要求情人重新選擇、比較，到底自己哪一點不如小三（或小王）？對已經不愛的情人來說，無疑是種酷刑、醒不了的惡夢。然而實際的狀況是，當他用盡一切手段挽回情人時，心理的OS也會不斷質疑：「我到底哪一點不如人？為什麼是我要低聲下氣地去求他回頭？」事情發展到後來，就算情人回頭，阿羯心裡真的沒有芥蒂嗎？是否會永遠記得情人曾經想叛逃第三者的事實？

奉勸阿羯，愛情這檔子事愛與不愛都很玄，若真的很愛就去盡力爭取，有時努力爭取而不可得時，就放了自己也放了對方，可能是比較不受傷的選項。若認為這段感情無以為繼，就認清事實，分了也好，無須故作姿態，徒增困擾。

Q 魔羯座情人的分手眉角

所有的感情都不會希望以分手作結，尤其是阿羯。這個固執的傢伙，一旦認定了情人與這段感情，就會把未來一切的一切都納入規劃，完全設想妥當，如果情人忽然抽腿，等於兩個人的共同未來全部被推翻，就好像做好的計畫因為檔案毀損全部不見，阿羯說什麼都難以接受。

失戀中的阿羯外表並不會有異狀，一切生活作息、工作學習，都維持正常運作，這是因為他好強又自律甚嚴，絕不容許自己流露頹廢沮喪之象，讓外人看笑話說可憐。但是夜闌人靜，午夜夢迴之時，難免自問自答，或許直到自己找到答案後，才有勇氣展開下一段感情。

就是這套固執的盔甲，往往在變數發生時讓阿羯鬼打牆，在不甘心與為什麼的漩渦裡打轉。其實變心的情人早就享受新戀情的歡愉，阿羯自我檢討只須找出改進點即可，無須自苦太久，趕緊設下停損點，找到新的晴空吧！

魔羯座失戀的獨門解藥

可憐的阿羯，凡事皆有通盤計畫，好不容易放下心防談一場戀愛，卻偏偏節外生枝碰上失戀的挫敗，而且其中最無法忍受的就是未來要重新洗牌，實在太傷心。為了讓心情平復，阿羯只好轉移焦點，化悲傷為力量，很務實地把全副心力寄情工作之上，忘掉那可愛又可恨的前情人，朝遠大的現實目標前進。

所以阿羯儘管失戀傷懷，卻沒有忘記自己現實人生中的角色，該做什麼就做什麼，凡事想清楚再做決定，不受失戀影響，自然也不容易發生脫序的狂暴行為。即使有的阿羯會因失戀走不出來而懷憂喪志，這時好朋友的安慰與勸說，往往能發揮振聾發聵的作用，應該好好傾聽，同時也要把心中的苦悶委屈說出來，心理垃圾倒乾淨才能迎接新的開始。

魔羯座的戀愛 TIPS

CAPRICORNUS

阿羯談戀愛最大的關卡，就是熱情不足又太過實際，兩兩相加產生雙乘效果，對愛情大大不利。

阿羯的腦袋就像活電腦，舉凡每月的收入、支出都清清楚楚，永遠是開機要RUN的第一道題。不過談戀愛講究的是浪漫，很少有情人願意聽柴米油鹽醬醋茶的帳目，偏偏這一點阿羯就是不明白。在此奉勸阿羯，如果目前對象是你真心所愛，請在平日聊天開口前在心中檢視一下發言內容，多加點溫暖幸福的關鍵字，以及詢問對方心情、意見與想法的開放式語句，可以有效增加浪漫的能量；減少一些數據的計算與評估，讓太過實際的形象稍微緩和，這樣應該會比較討喜。等愛情穩固之後，也要持續使用浪漫的關鍵字眼，並且有意識的檢視自己的言談內容，這樣才能讓愛情維持得更長久。

魔羯座適合當「不婚族」嗎？

阿羯對於自己的人生很早就有通盤計畫，學業、事業、家庭通通都有時間表，也是人生重要的CHECK POINT，代表不同的身分角色，以及不同的責任。所以不婚或單身絕對不是阿羯的選項，頂多只是過度期的暫時現象。

進入婚姻前，阿羯會深思熟慮、沙盤推演，做出最恰當的決策；步入婚姻後的阿羯，絕對會努力負起責任，扮演好配偶以及未來家長的角色，對整個家庭、家族的未來都有詳盡的願景與藍圖，讓配偶可以完全放心把一生託付給他。

假如你的情人是阿羯，雙方感情才剛穩定下來，他就已經把你們的未來規劃得一清二楚，請別驚慌失措！阿羯就是這種個性，如果你覺得他想太多，也不夠尊重你，別急著發作，等你們相處的時間更久一點，你也了解他固執與溝通的眉角，再跟他好好聊聊，就有機會兩人一起見證共同的未來。

抉擇關頭，魔羯座選愛情還是顧麵包？

阿羯是很務實且對人生有妥善規劃的星座，所以麵包絕對是首要考量，一定要衣食無慮，不是嗎？可是愛情也很重要，沒有愛情如何走到婚姻，人生階段性的成家與傳宗接代如何完成？所以不能只選麵包而不顧慮愛情，愛情也一樣重要，儘管雙方任務不同，對人生卻是一樣重要。

愛情的浪漫固然令人心醉神迷，可是阿羯卻不會放任自己迷失在美好氛圍中，因為人生有更多值得擔負的責任等著他，正因為有所愛的人，才更應該努力打拚、承擔家的責任，才不會讓親愛的家人流離失所，不得溫飽。這就是阿羯表達愛的方式，總在物質生活安穩後，才展現的種種溫柔，這樣務實的生活觀、價值觀也沒錯，配偶大可放心，你倆的福報在後面。

Q 魔羯座的愛情續航祕笈

阿羯讓愛情持久的祕密武器，不是一觸即發的激情，不是永生難忘的浪漫，而是讓情人無法忽視的誠懇與毅力！說得更具體點，就是表現在穩健內斂的態度，以及鍥而不捨的追求，足以讓情人受寵若驚，感動莫名，對阿羯大大的有好感，一段幸福感情於焉成形。

要和阿羯這麼務實的對象相戀久久，也要懂得一些祕訣，比方說情話適可而止，阿羯不喜歡沒營養的空洞情話，聽多了會讓他覺得這位情人不切實際，而心生落跑的念頭。

墜入情網之後的阿羯，其實還滿隨和的，並不難相處。如果你的情人或配偶正是阿羯的話，請多多欣賞他負責任又務實的作風，少盯著他的固執挑毛病，最重要的是不要吝惜你的讚美，這樣就可以讓兩人世界升溫且更加保溫。

記得，不管你是哪個星座，自信就是你的超能力，請勇敢表現自我，你的魅力就能徹底展現，有緣的情人自然會與你相遇相知喔！

Chapter 11
水瓶座
Aquarius

愛情亮燈指數

水瓶座 ★ 牡羊座	85	♥♥♥♡
水瓶座 ★ 金牛座	65	♥♡♡♡
水瓶座 ★ 雙子座	90	♥♥♥♥
水瓶座 ★ 巨蟹座	60	♥♡♡♡
水瓶座 ★ 獅子座	75	♥♥♡♡
水瓶座 ★ 處女座	65	♥♡♡♡
水瓶座 ★ 天秤座	85	♥♥♥♡
水瓶座 ★ 天蠍座	75	♥♥♡♡
水瓶座 ★ 射手座	85	♥♥♥♡
水瓶座 ★ 魔羯座	70	♥♥♡♡
水瓶座 ★ 水瓶座	85	♥♥♥♡
水瓶座 ★ 雙魚座	60	♥♡♡♡

水瓶座的愛情

Q 如何敲開水瓶座的愛情之門？

一向熱愛自由的小水瓶，認為愛情是相愛兩人的真心以對，首重心靈上的優質溝通，那才是愛情的真實本質，情人大可不必為愛來互相約束，反而應該給予彼此最大的自由與空間。

大多數人聽到小水瓶不同一般的愛情論調，都會驚訝他怎麼如此寬宏大度？其實再往深裡想一想，與其說他為情人請命，不如說是在為自己爭取愛情裡的自由度與最大空間。畢竟小水瓶天生不愛被約束，想怎樣就怎樣，不希望因為愛情被緊緊管制，影響自己的身心靈發展。更何況世界如此遼闊，可以做的事情那麼多，何苦以黏TT的愛情劃地為界，把自己侷限在小小的兩人世界，這種愛對小水瓶而言實在超不健康的。

如果你被胸懷世界大志、眼光永遠凝望遙遠未來的小水瓶煞到，那該怎麼走進他的愛情花園？或讓他走進自己的愛之園地？請有技巧地讓自己在他面前，始終保持難以捉摸的神祕感，就能有效攫取小水瓶的關注眼神，誘發他心底不按常規行事的精靈，啟動異於凡人的思維邏輯，對你產生渴望探索的興趣。記住，神祕感要**KEEP**得若隱若現，不能因為誘引小水瓶的目的已經達到，就輕忽地卸下神祕面紗，這樣很容易破功。

不妨借鏡天方夜譚裡的女主角姍魯佐，讓自己成為一本洋溢探索趣味的故事書，每一頁都充滿新鮮與神祕的情節，這樣小水瓶就會一頁一頁地一直翻下去，無法自拔，成功激起他征服你的鬥志。提醒情人先別急著秀出婚姻這個底牌，以免小水瓶頓時清醒走人，除非他心甘情願與你共度此生，否則都別先出牌，以免橫生枝節。

總之，小水瓶的心永遠是在外面的大千世界，夢想著要實現無數偉大理想，所以要想把他引導至自己的愛情花園，就要多運用智慧與神祕魅力才能奏效。

Q 愛情EQ不高不低不好不壞

小水瓶的脾氣出了名的溫和，要想激怒他還真需要一點本事。為什麼會有如此優異的修為？很簡單，把心放遠大，以世界為舞台，就不會為眼前的瑣事動怒。所以在愛情裡，小水瓶看起來EQ很讚，起伏甚少，不會為愛暴怒或失控，總是一派溫和，說穿了就是他總是把目光放在理想與未來，對眼前的情人有點視而不見，不太關切，自然凡事波瀾不驚，也就無所謂激情、熱情了。

當然小水瓶也不至於到老僧入定的程度，在戀愛中難免有人會來說長道短，企圖影響你對愛情與情人的觀點。如果小水瓶不愛這類處境，建議拿出理性以禮回應這些愛情局外人的情緒；面對顯然情緒已經受到影響的情人，除了信任、包容與關愛別無良方，應竭盡所能保留住情人對自己的愛。

讓愛情更有溫度，是小水瓶的戀愛課題，放下一切無所謂的保護色，把心思更聚焦，讓情人真實感受到你目光的熾熱，明確感受你已經把這段感情真正納入人生藍圖。

Q 喜歡，就NO MORE RULES!

熱愛自由、討厭拘束的小水瓶對於愛情自有一套哲學，自信洋溢的他認為太陽底下沒有辦不到的事，包括戀愛與感情在內，只要有心就無難事。但前提是沒有人為的約束、沒有來自權威的規定、更沒有各方過於期待與關愛的眼神，這樣才能順其自然地水到渠成，否則光是應付這些有的沒的，小水瓶就累死了，哪有力氣去追夢、去達陣理想！

關於愛情的部分，小水瓶不明說自己的偏好，但實際上他熱愛知性+感性的異性，最好帶點靈犀相通的神祕色彩，這樣就完全可以觸動小水瓶的愛情開關，啟動戀愛模式。當小水瓶被你煞到，他會先按兵不動，但內心是爽到爆，快樂得不得了，可你卻完全在狀況外，一點兒也不會知道小水瓶的心意。

如果你真的開始和小水瓶談戀愛，請先做心理建設，因為他似乎偏好對愛情冷處理，其實是朕自有定見，愛卿無須掛心。所以愛卿就多觀察、多體諒、多了解吧。此外，小水瓶還是個多工主義者，意思是他不會一次只專注在一件事上面，所以與其和其他有趣的事情爭寵，不如跟他一起去關心地球上各種有趣的事情，感情反而比較容易有起色。

Q 愛情狀況題

狀況一 水瓶座的寂寞耐受指數

關於寂寞，有的人完全無法忍受，一旦寂寞襲來就有滅頂的恐慌，情緒緊張到極點，務必找個伴兒當作浮木，帶領自己脫困；有的人則是相反，完全不在意寂寞孤單，一個人耳根清靜正好享受獨處，靜靜思索過去種種並規劃未來。小水瓶屬於後者，當愛情還沒來敲門時，認真把眼前的日子過得精采有料，等愛情來了，再一起歡笑，不是挺好的？

小水瓶的特立獨行自有其特殊魅力，對特定的異性族群有著非比尋常的吸引力，總有被煞到者願意飛蛾撲火，積極探索他神祕的感情世界。但試探只是一時的，感情卻是長久的，所以小水瓶不能搞神祕一輩子，一副「愛我則來，不愛也沒關係」的態度，這很容易讓情人的愛情動力無以為繼。奉勸小水瓶，應該要入世一點，試著為愛改變自己的抽離態度，讓彼此的心靈契合轉化成真實的熱情，讓情人開心一點，等於畫押一張愛情ING的保單，實屬必要。

愛情永遠令人期待，差別在於有沒有心去追求。所以小水瓶雖然不會主動對愛關起大門但也沒有積極作為啊！所以請把心放在前面，開始做個對追求愛情有心的人，務求盡人事，之後才是順其自然不強求。如果連開頭都沒有動機，那就注定要順勢鰥寡孤獨一世了。

狀況二 心頭小鹿亂撞時

想要讓淡定又容易分心的小水瓶心動，這號人物除了要與眾不同之外，還必須有難以言喻的特殊氣質，才能吸引小水瓶特立獨行的目光，讓他的小心臟在不知不覺且不設防的狀況下，突然噗通噗通地跳不停。確實也唯有在這樣的狀況下，愛情才有可能猛地讓小水瓶動心。當然愛情來了，絕對不是一瞬間爆發，還是會經過小水瓶後續的理性質詢，才能夠真正發展成情人關係，對方一定是慎重推演與評估過的超級心動人選，條件必然是一時之選，恭喜恭喜。讓我們繼續看下去。

愛情門票已經蓋印發給準情人了，小水瓶要開始學習從被動轉為主動，要自力啟動自己的愛情模式，以免這愛的電報在心中草稿打了半天，卻因為另一半的腦子在不知不覺中切入想太多模式，而讓愛的電報出師未捷就煙消雲散。這時準情人若對小水瓶也看對眼，不妨給點小鼓勵，避免小水瓶半途退縮不見了。

愛情這檔子事，一見鍾情有時並不難，最難的反而是相愛的兩個人，如何從熱情轉化成相知相惜，長久地走下去。轉化的過程未必順利，但重點是有情人不妨在體驗歷程中，再次思考彼此是否合適，才不會在交換戒指後才鬧後悔。

狀況三 愛神的箭射中紅心時

小水瓶很難自己發動一場愛情，往往必須先被邱比特的偶然一箭引爆愛情緣起，然後才順勢承接這條愛的線索，展開一場愛情大探索。所以都是在不知不覺之際先有了心動的對象，愛的故事、浪漫的綺想才能由此展開。

談戀愛一定會約會，而且每次都充滿了對情人的幻想與目的，尤其是初戀的第一次約會，更是每個細節都刻印在腦海裡，沒齒難忘。這種愛的症狀，小水瓶也不例外。當戀情走過WARM UP階段，小水瓶就會引導情人進入第二階段，揭開神祕的面紗一窺彼此心靈的契合狀態。兩人契不契合不是對發票一翻兩瞪眼，是需要時間相處與事件發生的磨練，所以兩個有心的情人都不要心急，慢慢來。相信以小水瓶的超凡心智，必能運用智慧，引導情人走向自己的心靈祕境，讓愛情從心穩固，朝永恆穩健邁進。

狀況四 水瓶座的甜言蜜語

小水瓶的神祕感吸引了很多有情人願者上鉤，無須多所言語（小水瓶也不好此道），就有一票人來抽號碼牌，想要探索他隱晦的內心祕境。別以為是自己靠過來的，小水瓶就會隨便待之，其實只要這份感情被小水瓶認可，情人身分被確立，忠實的愛情戳章就會蓋下去，只是小水瓶不愛敲鑼打鼓、正式公告，態度也是一貫的淡定甚至有點冷，難免讓情人懷疑是橡皮圖章。請情人放心，小水瓶用印，保證有效。

請情人記住，小水瓶碰到他喜歡的事物就會興趣盎然，搞不好常會忘記你的存在，但不表示他的心裡沒有你，所以不要蠢到去限制他、約束他投入熱愛的世界，只為了把他拴在身邊，確認他對自己的感情是存在的。這樣做只是為兩人的愛情敲響喪鐘，完全達不到預期效果。所以應該效法高中生的狐群狗黨方式，打不過就加入他。對，既然外面的世界那麼有趣，親愛的我們就一起去享受吧！當你們兩個成為神鵰俠侶一起看世界時，搞不好你比他更著迷、玩得更瘋呢！

狀況五 水瓶座放閃曬恩愛

愛到最高點，常會情不自禁當眾曬恩愛，大演黏TT的放閃秀。別以為小水瓶是淡定之人，不會出現此一行為。其實小水瓶也是凡人，一定也會被愛沖昏頭，表現出異於平常的行為，只是他的頭腦還是冷靜的，所以往往在激情熱烈的忘我之際，會突然冒出一句澆熄愛火的警世名言，頓時讓情人從愛的天堂掉進理性的囚籠。沒趣指數可以給到10分，據側面了解他的懊惱指數也是破表的。

其實小水瓶碰到這種情不自禁的情慾時刻，把持不住自己實屬正常，盲目一下乃人之常情，談戀愛本當如此，不必太過拘泥。如果太在意反而顯得矯情，很可能把才剛準備大放奇葩的愛苗給澆息了，豈不可惜！所以在愛情當紅的時刻，不要讓理性來煞風景，不如小放縱、小沉醉一番，這樣對情人比較有激勵作用。然後再一起想兩人的未來要如何走，這樣情感才會穩固。

狀況六 愛人鬥嘴鬥氣時

情人吵架時屬平常，有時因為太愛對方反而每句話都超級傷人，完全沒有理性可言，甚至做出匪夷所思的荒唐行為，著實令相愛至深的兩人都抓狂起肖。不過以上的LIVE現場，絕不會出現在小水瓶的戀愛場景中，因為淡定抽離如他，是不會讓自己在愛情裡輕易被情人激怒失態的，有話好說，吵架是解決不了情緒與溝通問題的。

萬一情人刻意來挑釁，就是氣他總是冷淡以對的態度。這時小水瓶仍會以一貫的冷靜與和緩姿態，四兩撥千金地讓盛怒的情人乖乖坐下，好好講清楚、說明白，待怒氣發洩完畢，雙方有了更充分的溝通，再言歸於好就能愛得更深刻。

唉，愛情還是需要熱度的，奉勸小水瓶還是要適度地為自己的愛情搧風點火一下，才不會讓情人如坐活冷宮而掛冠求去。再追加提醒一點，任何情人間的鬥嘴、鬥氣，讚美永遠是最佳解決之鑰，等對方氣頭過了再來溝通、規勸，才能收到不傷感情的最佳效果。

Q 當超瞎小三現身攪局時

冷靜理性著稱的小水瓶，極可能因為一貫的淡定，讓情人覺得不受重視而爬牆，引發小三或小王的介入，造成感情的破鏡危機。面對這難堪的處境，以小水瓶的邏輯，愛情裡沒有誰對誰錯，不會有答案，不如回去各自檢討，找出走不下去的原因，作為教訓改進，無須互相指責給別人看熱鬧。至於到底該分還是合？小水瓶答案很明確，既然愛已不可為，沒有必要去挽回，何不大家五五六六交代明白，把各自的道理說清楚，要分就分得乾脆徹底，別拖泥帶水，藕斷絲連。

假如情勢逆轉，一向以理性冷靜著稱的小水瓶變身為他人的小三或小王時，哇，不論倫還是不倫這都是非同小可的事情，而且還是大新聞。儘管小水瓶不會是潑婦型小三，也不是挑釁型小王，但當別人感情的第三者，社會輿論就不會給予同情與正當性。所以請慎重思考這份感情值不值得把名聲賠下去？面對來自各方的壓力，扛得住嗎？捫心自問到底要的是真感情還是那份刺激的爽，冷靜想清楚之後就勇敢面對或勇敢分。

Q 水瓶座情人的分手眉角

小水瓶在愛情裡是很有想法的冷靜咖，但也不是甚麼事都嚴謹縝密，大部分也是想到哪兒就到哪兒，自己很隨興，把情人搞得很糊塗。這情況就很像都教授離開地球後摸索蟲洞的期間，忽然出現在千頌伊身邊，或者沒打聲招呼報備一下就忽然從地球上消失，無所謂對不對，小水瓶想怎麼做就做了，情人的想法與感受不是考慮的選項。所以當小水瓶的情人心臟要很大顆，否則很容易變成抓狂一族。

奉勸小水瓶，戀愛是兩個人的事，碰到狀況不是你說了算，也要顧慮到情人怎麼想，一切問題應該是兩個人一起面對、一起解決，而非你自己的獨角戲。

萬一兩人真的情緣已盡，對於分手，小水瓶仍是一貫的冷靜平和，讓對方連最後一絲相信愛情曾燃燒過的希望都澆熄，也罷，就分了吧。或許小水瓶，可以對感情多放點情緒，至少陪著情人哭過、笑過、雨中擁抱過，就算分也要大聲問明白：為什麼兩人無法攜手一輩子？如此這般傷過、痛過，才算愛過一回。否則每次談戀愛都像是船過水無痕，戀愛的經驗毫無累積，也是很瞎的。

儘管沒有一對戀人會把分手設定為戀愛的結果，但很不幸的，除了結婚的那一次，其他幾乎都是以分手作結。所以務必把每次戀愛失敗的原因弄清楚，當作讓下一段感情更完美的藥方，雖然苦澀卻會灌溉出下一段愛情的美好。

Q 水瓶座失戀的獨門解藥

擁有高EQ的小水瓶，在失戀降臨時，也能在痛苦中保持冷靜，一步一步拆解痛苦的愛情地雷，釋放負面的壓力，儘快讓自己回到正常的軌道。

分手難免有爭執、有指責、有眼淚、有後悔，小水瓶是否從這一幕幕中看出自己對情人的感情份量？是真愛難以取代還是愛已成往事？不論答案是前者還是後者，你應該檢討你的反應是否太過冷靜，太快速答應分手，不給情人留一點餘地，讓情人徹底心寒，頭也不回地含怨離開。

建議小水瓶，一定要和情人好好溝通，找出想分手的原因（除非對方有所隱誨不予回應），往好處想，雙方的認知落差一經溝通，得到充分了解，或許這段情還有機會起死回生；如果確定無法挽回，雙方誠心誠意地探究分手原因，為這份感情留下完整的結案報告，雖然遺憾但好歹好聚好散。之後就是趕緊整理心情，該難過就難過，但不要太久，盡快走出失戀分手陰影，重新過自己的小日子才是正經的。總之，要為失戀設停損點，好聚好散，對彼此都仁慈，嶄新的未來才能早日展開，你一定辦得到。

水瓶座的戀愛TIPS

感情沒有溫度，是小水瓶最被情人詬病的致命傷。雙方戀情還在搞曖昧階段，小水瓶這種淡定疏離的神祕態度，其實是相當有魅力，往往讓情人飛蛾撲火般靠過來。但是當戀情確認後，小水瓶的神祕魅力也隨之破解，熱不起來的冷淡情緒成為熱戀中的降溫劑，情人也覺悟到這將是愛情中的常態，也將是感情破局的最大變數，不禁毛骨悚然。於是「你都不重視我！」成為情人對小水瓶的唯一評價，所以小水瓶若是希望和情人長久走下去，務必快快行動，強迫自己稍加改變，對感情多投入一些時間與用心，讓情人有感、讓自己的愛有溫度。

由於小水瓶是心思冷靜但行動隨興的傢伙，所以情人要和他有默契有點難，如果小水瓶很愛對方，就請多給一點暗示與引導，讓情人早日養成慧根進入你的心靈祕境。但是在訓練尚未成功之前，多體諒、多鼓勵、多擁抱。

Q 水瓶座適合當「不婚族」嗎？

小水瓶是十二星座裡難得的不婚首選。熱愛自由、厭惡束縛的小水瓶，對大千世界抱持無限熱情，一個人想探索就出發，完全樂在其中，家庭似乎只會增加羈絆，並沒有增加更多知性的樂趣。

換個角度，婚姻需要一點衝動，才會頭昏昏地用印、交換戒指，從此把自己的自由與空間交給兩人專案小組審核。要小水瓶頭昏昏地跑進教堂，心甘情願地把自己和自由全部繳械，那需要更大的衝動呀，否則他是不可能幹這種傻事。除非他碰上千年難得一見的感人婚禮，心被搔得癢癢的；除非情人搞了一個超級有創意的求婚方式，讓他來不及反應就被套牢了——大概只有這種突襲戰略才能突破小水瓶心防，讓他頭昏昏地跳入婚姻。

一只婚戒就把一生的自由拿走，換來無限的約束與責任，這對小水瓶來說是很不可思議的事情。不過人生一向很難說，一旦被套牢了，小水瓶也是會認分地好好經營婚姻、扛起責任，不是嗎？

抉擇關頭，水瓶座選愛情還是顧麵包？

生命誠可貴，愛情價更高，若為自由故，兩者皆可拋。小水瓶就是會做這種抉擇的人物，不自由的人生，怎麼會值得活？

對於物質生活的需求不高，經濟能力到哪裡就過什麼樣的生活，小水瓶一個人過活時，他都無所謂，反正好好壞壞都無損於精神的富足。一旦他決定走入感情、進入婚姻，自然理解人生從此有了新的責任與負擔，小水瓶就會努力做出最佳表現，不讓配偶或情人操心，更不會有二心。

所以愛情與麵包小水瓶會怎麼選？因為愛情讓小水瓶有責任感去取得麵包來充實生活，並且保持精神與肉體的完美和諧。

水瓶座的愛情續航祕笈

簡單說，小水瓶是愛情世界的怪咖，他們喜歡以又酷又怪的神祕感護體，熱愛自由、厭惡約束、思想自主、行動隨興，常讓有情人感到難以親近。所以小水瓶的戀愛都是在不經意的狀況之下突然闖進心房，順其自然地開出愛情花朵，但他的情人永遠是苦惱的，因為小水瓶冷淡疏離的態度，往往令情人弄不清楚感情的存在感，以及自己在小水瓶心中的份量，反而令人愈陷愈深。

不過如果想經營一份長久的感情，只有搞神祕的躲貓貓絕對撐不久，冷淡與太過冷靜的態度也是愛情的分離點。若你對眼前的情人有心，建議做點改變，讓自己熱情一點，讓情人感受到兩個人是一體的，共同面對生命與情感的起伏與挑戰，有了這樣的認知才能讓愛情長存。

Chapter 12
雙魚座
Pisces

愛情亮燈指數

雙魚座 ★ 牡羊座	75	♥♥♡♡
雙魚座 ★ 金牛座	75	♥♥♡♡
雙魚座 ★ 雙子座	60	♥♡♡♡
雙魚座 ★ 巨蟹座	90	♥♥♥♥
雙魚座 ★ 獅子座	80	♥♥♥♡
雙魚座 ★ 處女座	85	♥♥♥♡
雙魚座 ★ 天秤座	75	♥♥♡♡
雙魚座 ★ 天蠍座	75	♥♥♡♡
雙魚座 ★ 射手座	75	♥♥♡♡
雙魚座 ★ 魔羯座	85	♥♥♥♡
雙魚座 ★ 水瓶座	60	♥♡♡♡
雙魚座 ★ 雙魚座	75	♥♥♡♡

PISCES

雙魚座的愛情

Q 如何敲開雙魚座的愛情之門？

多情且多愁善感的小魚兒，對於愛情有獨到的價值觀，渴望以博愛的胸懷眷顧周邊所有人，不論是父母、兄弟姊妹、配偶、情人、孩子、親戚、朋友、同學、同事、鄰里等等，他都願以一顆廣大的心去愛、去包容！但是不得不提醒小魚兒，有時你無私、廣大又包容的愛，形成一個防護罩，那些被你所愛的人就會開始在你的保護下興風作浪，責任感淪喪且任意胡為。這時小魚兒應該正視問題，加以矯正，而非繼續縱容，以免影響所及讓你精心打造的甜蜜世界崩阤。

小魚兒的浪漫純真天下無雙，所以和他談戀愛是很幸福的事，有種瞬間脫離惱人俗世的超現實感。但是人終究不可能脫離現世，在浪漫之餘還是必須討生活、應付人際社交，這一點對小魚兒來說還挺有壓力的，情緒就會開始起伏湧現，這時只要有人拋一句帶刀帶刺的話兒，或者給點難看的臉色，小魚兒的壓力指數就會迅速攀升，陷入低潮的漩渦。所以和小魚兒談戀愛，首要之務就是降低各種會造成他／她情緒不定、不安全感大增的外在因素，給予穩定的浪漫氛圍，這樣小魚兒就能神安氣定，溫暖快樂的和你談一場溫柔的戀愛。

小魚兒（不分男女）對愛情的浪漫想像超級豐富，浪漫到願意為情人犧牲一切在所不惜，在二十一世紀的現今可謂是稀有動物等級。只是情人有義務要三不五十點一下小魚兒，記得睜開浪漫迷濛的雙眼，在粉紅色的甜美愛情氛圍之外，還有現實的人生在流轉，有工作、事業、家人、應酬、社交、貸款、保險、帳單等人間煙火在喧嘩著，因此在大談戀愛之餘也別忘記努力工作，為現實人生一起打拚，扛起該負的責任喔。

Q 愛情EQ只為你存在！

小魚兒是大家公認的情緒咖。光是日常生活、辦公室表現，就已經讓大家領教到小魚兒情緒起伏的洶湧波濤，更慘的是當事情或工作推動不順，負面情緒大舉湧入，小魚兒完全無法消化排解，又苦在心裡不知如何表達，大家看在眼裡都幫他高喊吃不消。這還是一般的情緒難題，更別提掉進愛情迷宮裡的他，肯定情緒更是剪不斷、理還亂。所以衷心建議小魚兒，多親近想法正面、天性樂觀的朋友，讓溫暖的陽光男女趕走情緒陰霾！或許找這樣的暖男暖女作情人，可能是不錯的搭配組合。

在感情的世界裡，情緒咖也並非全無一點好處，因為感性的小魚兒每每會為一點小確幸，快樂很久，興奮不已，令周圍的朋友嘖嘖稱奇。但是凡事都有一體兩面，如果情人哪天粗心恍神，一個不小心流露的臭臉色、不悅的眼神或是隨口一句不客氣的話語，都會讓小魚兒痛不欲生，心情低落，許久不能平復。

確實，很多情人都認為我們這麼親近，在你面前我不想再戴面具、不想再偽裝情緒作公關、陪小心，這就是真正的我，不行嗎？不行，小魚兒脆弱的情緒EQ，無法忍受各種粗糙、不耐煩、太過直接的言語與應對，情人的真實自我有時會把小魚兒的玻璃心傷得很重。奉勸被小魚兒煞到的情人，兩人世界的EQ管理比在外面的要重要兩千倍。只要處理好你的EQ，小魚兒的溫柔甜美就專屬於你，包準讓你連天堂也不想去。

Q 喜歡，就把愛情童話敲碎吧！

小魚兒的愛情字典裡根本沒有理性二字，一路跟著感覺走。多浪漫的傢伙，多不切實際的愛情盲目者！真的被你打敗。可是這麼危險的愛情觀小魚兒硬是深信不疑，當他邂逅了真命情人，不要懷疑，小魚兒絕對會為愛赴湯蹈火、飛蛾撲火、徹底犧牲，完全沒在怕。這就是小魚兒的浪漫，為了愛一切皆可拋！其他十一個星座男女實在沒得比，所以請讓讓，愛情中。

儘管小魚兒在愛情裡勇往直前不怕死，但容易受傷的本質是不會變的，而且依然是脆弱的玻璃心，和小魚兒談情說愛，謹言慎行仍是必要的提醒，情人不可半分鬆懈，面具千萬不要中間鬆脫，否則後果會很恐怖。

唉，不是愛教訓你，小魚兒是否可以稍稍為情人做一點改變？不要每天都過得像在拍攝偶像劇，能不能有自覺地把情緒收一點，整個人開朗一些，大家的日子都會好過很多。試試看，這樣會讓愛情滋味更甜美喔！否則這世界應該沒有多少F4、飛輪海，可以奉陪玩這場偶像劇之戀。

與小魚兒談戀愛是一場浪漫童話與偶像劇的綜合體驗，愛情是唯一的主題，幸福是唯一的結局。如果小情侶不想在現實生活裡被淘汰，趕緊訓練你的小魚兒認清現實，雖然很難、很殘忍，但是不試不行。用較趨近於實際的心態生活，你倆的愛情會輕盈許多，也比較承受得起。

Q 愛情狀況題

狀況一 雙魚座的寂寞耐受指數

現實是殘酷的，因此小魚兒的愛情世界更加誘人，讓情聖也想一躍而入，被小魚甜美的純愛徹底擁抱，天堂也不過如此啊！正因為小魚兒一點都不會變得現實，永保純情百分百，跟他相戀才會如此吸引人。但偏偏有人心存歹念要騙小魚兒的純情，這時親朋好友就要挺身當愛情自衛隊，幫小魚兒驅除愛情蟑螂喔！

因為小魚兒太過感性、太相信感覺，所以他會在路的一端一直等待白馬王子（白雪公主），得到他們的青睞。即使可人兒已經出現在眼前，但小魚兒就是會癡癡地等著對方來找他，而不是伸出小手把他抓過來，好好愛他不讓他離開。所以小魚兒很容易錯過愛，有點令人惋惜。

小魚兒的寂寞耐受指數肯定很高，因為他腦袋裡充滿期待，一點都沒有寂寞來襲的痛楚，但期待的若是對方伸手來迎接他，那他的指數會飆得更高。這時周圍的親朋閨密，請適時把他推出去，畢竟等人上門來牽小手，不如主動推一把——把人撞進來，這樣比較快。

渴望愛情就要下定決心主動追求，把自己的魅力勇敢釋放，愛情自然就會出現——記得要伸手去抓。等來等去只會消磨自信，不如掛網看偶像劇。

狀況二　心頭小鹿亂撞時

小魚兒看上的人，通常很快能感應到來自愛情的訊息——溫暖、單純、溫柔、純粹的清新情愫，但強烈到不容忽視，讓你的心不由得隨之怦然跳動。所以簡單來說，當小魚兒放電時，對方很難假裝沒收到，但又會擔心是否自作多情，建議小魚兒，不妨給點口頭暗示，通常對方就會歡喜接受，甚至受寵若驚。

小魚兒的愛往往太過浪漫朦朧，搞得像霧又像花，讓準情人摸不清狀況，這樣不行。動了真心就要表達出來，準情人才會變成真情人，想像的浪漫戀情才會夢想成真。千萬不要下意識地以掩飾來抗拒真感情，反而應該勇敢撥開迷霧，迎接陽光般的熱愛。有了愛情滋潤，小魚兒的人生才會更加美麗迷人。

提醒小魚兒，愛情這檔子事一見鍾情有時並不難，最難的反而是相愛的兩個人，如何從熱情轉化成相知相惜，長久地走下去。轉化的過程未必順利，但重點是有情人不妨在體驗歷程中，再次思考彼此是否合適，才不會在交換戒指後才鬧後悔。

狀況三 愛神的箭射中紅心時

小魚兒對於愛情有無限的憧憬，尤其當準情人變成真情人之際，憧憬的泡泡可說是膨脹到最大。但是愛情真的如憧憬泡泡那樣巨大而美好嗎？那可不一定。人世間哪有永遠如夢似幻的美麗愛情故事，日子從來都是平實的，就算不食人間煙火，也要上市場買水果，不是嗎？所以醒醒吧小魚兒。

戀愛一開始大家都曾經想得太完美，但小魚兒是認真的，他始終都為情人著想，儘管生活總不缺折騰，沒有事事如意的，但幸福的濃度不曾因時間流逝縮減。這樣其實也並非好事，因為情人終究來自真實世界，小魚兒可能在接觸後覺得對方太不浪漫，甚至有點無趣。建議小魚兒最好還是學點現實的衡量標準，多放點心思在經營感情上，以免情人獨自承擔一切現實的拖磨，當你覺得他無趣之際，他可能已消失在現實中。

愛情不只是被邱彼特的箭射中的瞬間，射中之後才是故事的開始，愛情的維繫才是情人間的重頭戲，小魚兒要懂得運用智慧，才能一步步往天長地久靠近。

狀況四 雙魚座的甜言蜜語

小魚兒的愛情訊息是從全身細胞裡的DNA直接放送，甜美、迷人而直覺，情人不用上前擁抱、親吻，就已經徹底沉溺，難以自拔。因為小魚兒天生為愛而生，愛就是他一生的主題曲。所以只要你是小魚兒愛的對象，就永遠能感受到他無所不在、充滿包容與關懷的濃密愛意。

提醒小魚兒，使盡全力去愛是很偉大的事，但對方壓力一定也大，所以懂得愛的第一步就是適度付出，不是一傾而洩，這樣愛才會細水長流。而且愛是互相的，不是單方面付出就能圓滿，要適度地讓情人有付出的機會才行，別養成情人在愛情裡不勞而獲的壞習慣。

狀況五 雙魚座放閃曬恩愛

小魚兒終其一生為愛而活，一旦與真愛相遇，必定無怨無悔付出一生，是世人夢寐以求的情人典範，也是世間難尋的無私戀人。但是人世間有一好沒兩好，舉世最棒的戀人——小魚兒也是有罩門的，他無法在沒有情人的愛與呵護的空間存活，一旦情人把注意力轉移到工作或生活，他就像魚兒離開水一樣，活不下去要缺氧啦！所以要當全世界最棒戀人的情人，可沒檯面上那麼享福喔！

所以情人們想要活下去，唯一的辦法就是教育小魚兒，在愛情之外還有現實人生要過，不能為了愛情拋開一切，這樣不僅愛不可能長久，就連命也會賠掉。至於小魚兒能否接受，就要看兩人的命運了。

能夠和小魚兒這樣的絕品情人相戀，是人間最大的樂事。因為小魚兒無盡的愛與包容，讓情人找到人間最甜美的避風港，完全不必在意人世風雨與現實摧殘。但我還是忍不住要提醒小魚兒，愛情是一段由陌生到相識，由相識到相知，由相知到相許的美好歷程，每一秒都在變化，每個變化都有酸甜苦辣，記得要細細品味。

狀況六 愛人鬥嘴鬥氣時

小魚兒最大的優點就是愛與包容，幾乎不可能和情人發生衝突，甚至鬥嘴吵架，除非情緒來搗亂。情緒又是從哪兒來的？當然是情人不懂小魚兒的心，兩人都交往這麼久都沒把小魚兒的感受放在心上，人家生氣了，再也不想跟他說話了。在跟情人生氣，情緒自然好不了，嘴巴就會說出吵架該說的話囉。

該怎麼化解？很簡單，情人一定要先放低姿態，和小魚兒有話好好說，態度很重要，當你用心把事情好好解釋完畢，小魚兒的氣早就消了。因為你認真面對他的態度，讓小魚兒感覺受到重視，自然什麼都好說。

情人切忌對小魚兒的情緒不聞不問，這是最糟的處理方式，因為情緒不會自動消失。也要提醒小魚兒，應該要把情緒適度說明，對方才知道你的不好受。不要在愛情裡當沒聲音的受氣包！

吵架是劇烈的溝通模式，只要沒有涉及人身攻擊或翻舊帳，基本上應該愈吵愈親熱才對嘛！萬一小魚兒的情緒一直壓不下來，趕快——任何情人間的鬥嘴、鬥氣，讚美永遠是最佳解決之鑰，等對方氣消了再來溝通、規勸，才能收到不傷感情的最佳效果。

Q 當超瞎小三現身攪局時

愛情至上的小魚兒，是十二星座裡最容易變身小三或小王的可怕第三咖。因為地下情人應該具備的體貼、溫柔、療癒，小魚兒一應俱全，所以大家和情人或配偶吵架時，都喜歡找他傾訴，尋求慰藉，久而久之就把人家情人、配偶給比下去，不知不覺變成第三者。

在現實人生缺根筋的小魚兒，這時千萬要腦袋清楚，不論小三還是小王都是不歸路，罵名會如影隨形，你會難以承受。

萬一是自己的感情有人跑來插一腳怎麼辦？小魚兒當然是瘋掉了，因為愛是他人生的全部，怎麼能容忍有人來分享？但是小魚兒會習慣性一直問自己：到底是哪裡做錯？你沒有錯，是對方有眼無珠，所以不要再逼問自己，亦無須咒罵那對男女，應該先把感情的亂子釐清脈絡，該挽回就挽回，該放手就放手，不論做哪種決定——請堅定執行。

小三和小王，永遠是感情裡的刺，即使拔除也很難完全不痛，而且三方都一樣痛苦。

所以務必勇敢面對，找出感情出問題的癥結處理掉。即使這段感情保不住，至少下一段感情不會重蹈覆轍。

Q 雙魚座情人的分手眉角

小魚兒談戀愛都是真心誠意，很享受為愛付出的滿足感，並不奢求情人等值回報，當然也從來沒想過未來會出現分手的結果。不過當愛已不可為，逼得小魚兒非分手不可時，很多人都預期小魚兒會哭鬧咒罵、尋死尋活、想盡一切裝可憐的花招，只為留住變調的愛情。錯，小魚兒熬過最痛苦的內心交戰期之後，很清楚自己不想再回到讓兩人都痛苦的壓力圈，所以面對分手的態度反而相當乾脆，不管情人願不願意，分手都只是結果，沒有再回頭的餘地。此刻的小魚兒已心如止水，心湖一片平靜，說再見之後就死生不復相見，雖然決絕卻也淒美到不行，有雙魚的做事風格。

提醒小魚兒，不管多痛都要和情人明確告知與說明，千萬不要人間蒸發就消失了，以免後患無窮。

Q 雙魚座失戀的獨門解藥

失戀，沒有人會覺得好過。尤其小魚兒這麼感性浪漫又超級情緒化的傢伙，無疑是在美麗的小日子投下原子彈，從此世界粉碎，美好不再。

這個低潮會持續多久？如果放任小魚兒自己處理，必定會躲在傷痛裡死也不肯走出來。這時就要靠家人與好友幫忙，把小魚兒從失戀的深淵中拉出來，小魚兒自己也要覺醒，不要再封閉自己的心靈，應該勇敢站起來，家人好友的助力才有施力點，不是嗎？談戀愛難免失戀，唯有真正接受失戀的洗禮，善自檢討，才會讓人得到經驗與教訓，變得更強壯，當下一段感情降臨時，方有能耐接招再出發。

雙魚座的戀愛 TIPS

PISCES

小魚兒對愛情充滿浪漫的憧憬與期待，尤其還沒進入戀愛江湖的小小魚兒，莫不渴望談一場死生相許的經典戀愛。難道沒有人告訴你們，戀愛要談，生活也要顧嗎？你可以對愛情懷有幻想，但現實生活裡該做的工作、該負的責任、該繳的卡費，一樣都不能少、不能等、不能欠。如果小魚兒只是成天沉醉在虛幻的愛情白日夢裡，很可能在白馬王子、白雪公主來到之前，你已經在現實生活裡陣亡了。

愛情不是空中樓閣，是兩個真實的男女因為愛展開的一場邂逅，如果緣分足夠就會發展出美麗的愛情故事；如果緣分不夠，就只能擦身而過，徒留倩影。無論如何，愛情都是要實際的接觸與互動，而非腦袋裡的空中樓閣，倘若小魚兒始終都自我陶醉在虛幻的愛情夢想，與真實的情人缺乏互動，情人終究會跑掉。而且愛情有時也會有來自外界的壓力，這不是靠幻想可以排除，必須兩人同心協力尋求解決之道。

奉勸小魚兒，為了讓愛長久，要增強自己對現實的鬥志，以抵抗各種威脅愛情的外力。當你懂得浪漫加上實際的混合手法之後，小魚兒就變成法力無邊的厲害角色囉。

Q 雙魚座適合當「不婚族」嗎？

小魚兒是為愛誕生，註定要與情人廝守一輩子，一生被愛包圍，生命永遠是粉紅色的玫瑰與氣球，天使始終在心頭飛舞不散，對兩人世界抱持如此強烈、美好的憧憬，當然不可能趕流行搞不婚。

談戀愛讓人心曠神怡，身心愉悅，不像現實生活只會帶來壓力。但是談戀愛和婚姻是不同的概念，戀愛只管愛，婚姻可是要管一個家，要搞定兩個家族，現實上的難度不可同日而語。當小魚兒在婚姻面前，發現如雪片般飛來的現實難題，漸漸把愛的甜蜜給淹沒，就會開始動搖、退縮，對於白色教堂的神聖婚禮有了戒心。

確實，婚姻是一輩子相處的試煉場，和談戀愛時的片段、纏綿約會很不一樣。可是婚姻也有甜蜜的感動時刻，像孩子的誕生與成長，夫妻的互相扶持與照顧，這都是戀愛激情難以比擬的美好與雋永。所以小魚兒不要害怕，大聲說：我願意。你的人生就會擁有另一番美好風景。

Q 抉擇關頭，雙魚座選愛情還是顧麵包？

哈，小魚兒想都不用想，一定選愛情，因為小魚兒就是為愛而生，飛蛾撲火也甘心。

這是小魚兒的天命，在浪漫中不斷電的愛，用盡一生力氣也甘願。但是真的可以只要愛情不要麵包嗎？其實浪漫的小魚兒，在現實中往往是意志力最脆弱的傢伙，雖然精神上與愛情同生死，但是肉體上卻仍是要穿衣吃飯，所以每每在生活的壓力下，愛情只好先做溫室裡的花朵，等生存有著落之後再來欣賞。

所以富家少爺、大小姐，為了愛情一定要和窮小子或小資女在一起的偶像劇，永遠不會演到他們後來生活潦倒，愛情被麵包打敗，少爺小姐拋棄愛情逃回豪宅，小資女與窮小子放棄浪漫的堅持，開始拚命賺錢力求發達。這樣的故事好殘酷，但是很真實。小魚兒應該學著在浪漫的愛情中，看見現實的艱難點，然後與情人一起解決，而不是各自逃離、各自處理。

雙魚座的愛情續航祕笈

小魚兒是溫柔又有耐性的可人兒，擅長聆聽，懂得撫慰人心，溫暖而療癒，所以在愛情的殿堂裡始終維持高人氣。但喜歡和愛是兩種概念，小魚兒在情場大受歡迎時，還是得睜大迷濛的雙眼，辨別真愛與偽愛，以免自己受傷害。即使是真愛，小魚兒也要懂得慢慢釋出你的愛，因為有的情人在高濃度的愛情裡，很快就倦怠想要閃人，所以學著分次分段給付你的愛，避免一次全額給付的高風險。

愛情雖然可貴，但要走得長遠還是脫離不了現實的條件。小魚兒要學習跟現實混熟一點，才能找到愛情與生活的平衡點，讓自己更有魅力。